El nacimiento de tu bebé

Benoît Le Goedec

LAROUSSE

Edición original

Dirección de la publicación
Isabelle Jeuge-Maynart

Dirección editorial
Véronique de Finance Cordonnier

Coordinación editorial
Nathalie Cornellana con la colaboración de Sophie Senart

Corrección
Madeleine Biaujeaud y Joëlle Narjollet

Índice
Rupert Hasterok

Dirección artística
Emmanuel Chaspoul asistido por Martine Debrais y Sylvie Sénéchal

Portada
Véronique Laporte

Formación
Sophie Compagne

Iconografía
Marie-Annick Réveillon

Edición para América Latina

Dirección editorial
Tomás García Cerezo

Gerencia editorial
Jorge Ramírez Chávez

Traducción
Ediciones Larousse, S.A. de C.V., con la colaboración de Rémy Bastien V.D.M.

Revisión técnica médica
Virginia Barbiaux Reyes y Paul Alan Vega Yépez

Formación
Quinta del Agua Ediciones, S.A. de C.V.

Edición técnica
Roberto Gómez Martínez, Javier Cadena Contreras

Adaptación de portada
Pixel Arte Gráfico

D.R. © MMXI Ediciones Larousse, S.A. de C.V.
Renacimiento 180, Col. San Juan Tlihuaca,
México, 02400, D.F.

Publicado originalmente por © MMIX Larousse, S.A.

ISBN: 978-2-03-584941-0 (Larousse, S.A.)
        978-607-21-0305-4 (Para esta obra)

Primera edición, febrero de 2011

Contenido

el último mes

La futura mamá

Quizá las actividades más sencillas, como comer, dormir, desplazarse, le parecen difíciles. Sus piernas están hinchadas, ciertos días se resiente la fatiga… Estas últimas semanas pueden parecerle largas. Déle tiempo al tiempo, estas molestias serán parte integrante de su deseo de dar a luz. Y no olvide que el embarazo es un estado efímero. A lo mucho nueve meses, en comparación con una vida…

Noches agitadas

Estas últimas semanas de su embarazo pueden estar marcadas por insomnios. En efecto, le cuesta trabajo encontrar una posición cómoda para dormir; a menudo siente ganas de orinar; la incomodan calambres; su sueño es ligero y frecuentemente es despertada por los movimientos del bebé. Sepa que estas noches caóticas no tienen ningún efecto sobre el bebé, que, por su parte, sigue sus propios ritmos de sueño y de vigilia.

Para compensar estas noches un poco cortas, recupérese durante el día. Si hace falta, tómese una siesta. De esta manera, las noches interrumpidas no afectarán sus fuerzas.

Si, a pesar de todo, no logra usted dormir, el médico podrá prescribirle sedantes ligeros. Pero, cuidado, ¡no tome nunca somníferos sin consultar a su médico!

Actividades cotidianas y sencillas que se vuelven complejas

Ya cuesta trabajo realizar las tareas más sencillas: lavar los trastes (queda muy alejada de la llave), darse un baño (es más práctico darse una ducha), trabajar en la computadora (después de una hora o dos, sentirá necesidad de levantarse).

¡Tómese su tiempo!

Para calzarse, estando sentada, suba el pie sobre el otro muslo, porque ya no puede inclinarse sin que le estorbe su vientre.

Para pasar de la posición acostada a la posición erguida, no olvide ponerse primero de costado para no forzar sus músculos abdominales distendidos, y permanecer en esta posición unos segundos antes de levantarse. Además, ¡procure que la ayuden lo más posible!

Piernas, tobillos o pies hinchados

La hinchazón al nivel de los pies, de los tobillos o de las piernas es el resultado de la compresión venosa condicionada por el crecimiento del útero. Para que sienta alivio, el médico le recomendará usar medias de compresión y/o cremas que tonifiquen sus venas.

Por otra parte, usted puede elevar sus piernas estando en posición acostada y rociarlas brevemente con agua fría de la ducha. No dude en calzar zapatos tipo "chancla" para estar más cómoda. La hinchazón de las manos puede llevar a la compresión de un nervio que pasa al nivel de la muñeca. No es algo grave, aunque puede provocarle hormigueos durante la noche.

Trate de encontrar una posición adecuada, colocando sus manos sobre una almohada, por ejemplo, para elevarlas un poco.

¿Niña o niño?

La manera en que usted lleva a su criatura —hacia abajo, o hacia delante, o sobre las caderas— depende de numerosos factores: su estatura, el peso que ha adquirido, la posición del bebé, etc. Pero ninguno determina el sexo del bebé. ¡Las predicciones sobre el sexo del bebé que está por llegar tienen un 50% de probabilidad de cumplirse! Incluso, un poco más que eso si se trata de un niño, porque llegan al mundo 105 niños por cada 100 niñas. Pero resulta inútil comenzar a hacer apuestas porque su vientre apunta hacia delante o se desborda sobre las caderas. Sólo tome en cuenta los resultados que se deriven del informe del ultrasonido.

Un apetito alterado

Quizás usted coma lentamente, porque el bebé, al apoyarse sobre el estómago, le impide ingerir grandes cantidades. A pesar de comer pequeñas cantidades puede sentir opresión al nivel del estómago, con la sensación de no poder respirar bien; en este caso, manténgase lo más erguida posible.

Senos muy sensibles

Al igual que muchas mujeres embarazadas, en ocasiones puede sentir piquetes o dolores al nivel de los pezones. Dé masaje a sus senos, aplicando cremas o lociones.

Además de esto, usted puede llegar a tener escurrimiento de un líquido amarillento por el pezón; esto es el calostro. Usted puede poner una compresa en la copa de su sostén. Si tiene intención de dar pecho, el calostro constituirá el alimento del bebé antes de que baje la leche.

Por último, puede preparar sus senos para dar pecho —ya que en las primeras ocasiones los pezones quedan un poco maltratados— dándoles masaje diariamente con aceite de almendras dulces con unas gotas de jugo de limón, y estirándolos ligeramente.

Los kilos que se acumulan

Probablemente usted ha constatado que su peso ha aumentado con mayor rapidez en el curso de los últimos tres meses que al inicio del embarazo. En efecto, después del cuarto mes, el aumento de peso está ligado sobre todo al crecimiento de su futuro bebé. Al final del embarazo, queda distribuido, de manera esquemática, así: peso del bebé (promedio de 3.5 kg al nacer), de la placenta (0.7 kg) y del líquido amniótico (1 kg); aumento del volumen del útero y de los senos (1.6 kg); aumento del volumen sanguíneo (1.5 kg) y finalmente, grasas de reserva (entre 3 y 4 kg).

Medicina alternativa y embarazo

Homeopatía, acupuntura, osteopatía, fitoterapia… son algunas prácticas que pueden aliviar algunos pequeños malestares inherentes al embarazo. Pero hay que advertirlo siempre: estos tratamientos no deben sustituir el seguimiento obstétrico regular del médico.

Algunas recomendaciones…

Cuando se está embarazada, la automedicación debe evitarse. Por lo tanto hay que abstenerse de tomar medicamentos homeopáticos o a base de plantas, complementos alimenticios y aceites esenciales, a menos que sean indicados por un médico competente.

La medicina alternativa no está libre de riesgo para una mujer embarazada. No deben practicarse manipulaciones de ningún tipo, salvo respetando las reglas de la prudencia.

En el caso de México, si va a recurrir a la medicina alternativa, cerciórese de que la asociación médica o la persona que la atenderá esté avalada por cualquiera de las instituciones que elaboraron la Norma Oficial Mexicana NOM-172-SSA1-1998, sobre la prestación de servicios de salud, actividades auxiliares, criterios de operación para la práctica de la acupuntura humana y métodos relacionados. Las instituciones son las siguientes:
. Secretaría de Salud
. Instituto de Seguridad y Servicios Sociales para los Trabajadores del Estado (ISSSTE)
. Sistema Nacional Para el Desarrollo Integral de la Familia
. Instituto Nacional de la Nutrición
. Clínica del Dolor
. Universidad Nacional Autónoma de México
. Universidad Autónoma Metropolitana
. Instituto Politécnico Nacional
. Secretaría de la Defensa Nacional
. Secretaría de Marina
. Asociación Mexicana de Asociaciones y Sociedades de Acupuntura, AC
. Fundación Dr. Salvador Capistrán Alvarado
. Instituto Clínica de Medicina Biológica Integral y Alternativa, SA de CV
. Federación Nacional de Medicina Alternativa
. Instituto Tomás Alcocer de Medicina Tradicional China, AC
. Sociedad de Investigación de Acupuntura y Medicina Oriental, AC
. También debe tomarse en cuenta a universidades como la de Chapingo y la de Guadalajara.
En el sur de América se cuenta con la Asociación Médica Homeopática Argentina; en Brasil, con el Instituto Homeopático François Lamasson

Por otra parte, en ocasiones, la medicina alternativa provoca efectos adversos sobre el embarazo que no deben desdeñarse o desestimarse. Tal es el caso de la fitoterapia y de la aromaterapia, donde "natural" no es sinónimo de "sin peligro".

LA HOMEOPATÍA

Fue Samuel Hahnemann, médico alemán, quien a fines del siglo XVIII desarrolló este tipo de medicina que busca sanar al individuo en su conjunto y permitirle reencontrar su equilibrio. La homeopatía se basa en tres principios esenciales:

● **La ley de la similitud.** Para la homeopatía, un remedio sólo es eficaz si provoca en una persona sana síntomas idénticos a los que caracterizan a la enfermedad que se quiere curar.
● **La individualización de los síntomas.** Cada persona enferma es diferente y presenta síntomas propios.
● **Tomar en cuenta los síntomas en su totalidad.** Es importante conocer todos los síntomas padecidos por el paciente para sanar óptimamente. El riesgo de toxicidad por ingerir medicamentos homeópatas durante el embarazo es mínimo, pero aún se desconoce la cantidad de alcohol que puede dañar al futuro bebé, pues a mayor cantidad, mayor daño.

¿Cuándo y por qué recurrir a la homeopatía?

● Para combatir los malestares que no son comunes del embarazo (por ejemplo, reuma): los medicamentos homeopáticos le permiten evitar, en la medida de lo posible, los medicamentos clásicos que pueden ser contraindicados en su estado (foto de la derecha).

● Para combatir las molestias típicas del embarazo (náusea, calambres, ardor estomacal, pesadez en las piernas, hemorroides, constipación, etc.).

● Considere que una prescripción homeopática también puede ayudarle a enfrentar el parto de manera serena. Incluso podrá tomarse poco tiempo antes del parto y, si se presenta la necesidad, durante el parto mismo. En efecto, con un tratamiento homeopático puede aliviar el malestar provocado por las contracciones y acelerar el trabajo de parto.

● Por último, la homeopatía puede acompañarla durante el periodo delicado del regreso de la menstruación. En particular, le ayuda a evitar una posible depresión posparto o el *baby blues*. Existen también numerosos remedios en caso de dificultades para amamantar. Algunos favorecen la secreción de la leche, mientras que otros alivian las grietas del pezón o la bajada dolorosa de leche.

LA ACUPUNTURA

La acupuntura es la medicina china tradicional. Una de las leyes principales en las que se basa es la dualidad expresada por la bien conocida pareja yin/yang. El yin y el yang son opuestos, y, por lo tanto, están unidos por un principio de complementariedad. La acupuntura es una medicina energética: para ella, todo no es más que energía más o menos yin, o más o menos yang. La energía más yin se materializa por la sangre (xue), mientras que la energía más yang remite a la respiración (qi). Éstas surcan el cuerpo en canales inmateriales llamados "meridianos". Sus trayectos son descritos con gran precisión y afloran en la piel en numerosas partes del cuerpo, llamadas "puntos".

Por lo tanto, el tratamiento con acupuntura consiste en estimular los puntos energéticos con ayuda de agujas finas. El objetivo es mantener o restablecer un equilibrio energético. En potencia, el embarazo es un estado yin. El movimiento del yang se ve modificado. La energía de sangre (administrada por el bazo y el hígado) y la energía vital (administrada por el riñón) son muy socorridas (fotografía p. 11).

¿Cuándo y por qué recurrir a la acupuntura?

● Aunque son fisiológicas, todas las modificaciones debidas al embarazo transforman su equilibrio energético, lo que puede traducirse en diferentes malestares (problemas digestivos, circulatorios, dolores, etc.). Se tratará entonces de armonizar la relación energía/sangre para reencontrar el equilibrio perdido. Una sesión por trimestre será la mejor de las prevenciones.

● Para esta medicina, cada órgano tiene una vida física, emocional y síquica.

La acupuntura también es considerada como una medicina del espíritu. Usted puede consultar a un especialista en acupuntura si siente ansiedad, preocupación, tristeza… o si padece de insomnio.

● Igualmente, la acupuntura puede ayudar a preparar mejor el parto y hacerlo más rápido y menos molesto.

● Durante el octavo mes de embarazo, el bebé se posiciona con miras al canal del parto y se presenta con la cabeza hacia abajo. Sin embargo, algunos bebés permanecen en presentación sentada. En este caso, un punto de acupuntura puede ayudar al feto a voltearse sobre sí mismo y quedar en posición adecuada (ver p.14).

● Usted puede utilizar la acupuntura durante el noveno mes para ayudar al cuello del útero a abrirse. Esta práctica es igualmente eficaz si se ha rebasado el término, porque su acción ayuda a desencadenar la labor de parto. Por último, utilizada durante el parto, contribuye a disminuir las molestias de las contracciones. Desafortunadamente, la acupuntura está aún poco desarrollada en las maternidades.

● En los meses que siguen al parto, la acupuntura puede acompañar una reeducación perineal. De manera total, la acupuntura contribuye a una recuperación corpórea más rápida. De hecho, para la medicina tradicional china, el primer mes después del parto es el décimo mes del embarazo, es decir, el fin del ciclo energético. Alimenta las energías agotadas por el embarazo.

MEDICINA OSTEOPÁTICA

La osteopatía, mediante manipulación gentil y a voluntad de la persona, responde a la creciente necesidad de la atención total de la mujer embarazada y del bebé. Actúa sobre los diferentes sistemas del cuerpo: visceral, respiratorio, articular, circulatorio, craneal. Su objetivo es permitirle a la persona mantener o reencontrar un estado de bienestar físico, mental y afectivo.

El contacto osteopático involucra los mecanismos naturales del cuerpo y reactiva el movimiento y el ritmo del sistema o los sistemas a tratar.

¿Cuándo y por qué recurrir a la osteopatía?

● Al transcurrir los últimos meses del embarazo, la osteopatía puede combatir los problemas de espalda, las ciáticas, la constipación, las piernas

Algunos remedios de la fitoterapia

Problema	Plantas	Remedio y dosis
Constipación	Psyllium (*Plantago*) Granos de linaza (*Linum usitatissimum*)	Verter 1 o 2 cucharadas cafeteras de cada uno de estos granos en un vaso de agua fría; dejar macerar una noche antes de beberlo.
Migrañas y tensión nerviosa	Tila (*Tilia*)	Beber 3 o 4 tazas de infusión por día.
Estrías	Áloes (*Aloe vera*) Olivo (*Olea europaea*)	Aplicar gel de áloes o masajear la piel con aceite de olivo 1 o 2 veces por día.
Dificultad para dormir	Camomila alemana (manzanilla) (*Chamomilla recutita*), Tila (*Tilia*), Lavanda (*Lavandula angustifolia*) Pasiflora (*Passiflora incarnata*)	Las plantas de la columna a la izquierda se citan en orden creciente de eficacia. Comenzar por la más débil: la camomila alemana; en ausencia de resultados concluyentes, pasar a la planta siguiente. Antes de acostarse, beber una infusión preparada con 1 o 2 c. cafeteras por taza de agua.

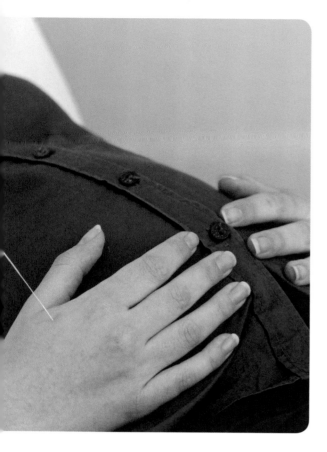

LA FITOTERAPIA

Al paso de los siglos, siempre se han prescrito plantas medicinales durante el embarazo. Desde los inicios, los hombres se dieron cuenta de que ciertas especies vegetales poseían propiedades terapéuticas y que contenían sustancias activas que ayudaban a la mujer a llevar mejor su embarazo. Y, hasta la fecha, se pueden tratar los pequeños malestares del embarazo mediante remedios simples y naturales.

Pero, cuidado, aunque usted haya adquirido un buen manual de fitoterapia, no tome ninguna iniciativa sin antes consultar a su médico. Las plantas pueden tener efectos secundarios no deseables; tan es así que, en dosis fuertes, ciertas plantas, dotadas de sustancias, estimulan los músculos del útero y pueden provocar falso trabajo de parto (ver el recuadro). No es aconsejable tomar ningún tratamiento médico, incluyendo los de aceites esenciales, durante los primeros tres meses de embarazo. Cuídese igualmente de no consumir las plantas durante un periodo demasiado extendido porque, a la larga, hasta las más benignas pueden tener efectos secundarios.

En todos los casos, pídale opinión a su médico y adquiera las plantas en farmacias que le garanticen la calidad de los remedios fitoterapéuticos, sin importar las formas galénicas (píldoras de gel, comprimidos, plantas a granel, extractos líquidos o secos, etcétera).

pesadas, entre otros síntomas. También le puede ser útil en caso de reposo prolongado en cama.
● De igual forma, el osteópata puede intervenir en la preparación para el parto. Revisa que la pelvis tenga buena movilidad (movilidad de la articulación sacro-ilíaca) y que el bebé no tope contra una estructura rígida; así, su paso por la pelvis se verá facilitado.
● En las semanas posteriores al parto, las mujeres pueden enfrentar molestias: problemas urinarios, malas posturas, dolores de espalda, periné relajado, *baby blues*. La osteopatía puede ayudar a curar estos diferentes síntomas. Es aconsejable volver a ver al osteópata tiempo después del nacimiento para verificar que el cuerpo ha reencontrado su equilibrio.
● Este facilitador también puede ayudar a los bebés de pecho, en particular en casos de deformidad craneal relacionadas con el embarazo o el parto, de dificultad para dormir, regurgitaciones y obstrucción del canal lagrimal.

Plantas prohibidas

Ciertas plantas son contraindicadas durante el embarazo, en particular aquellas que pueden provocar contracciones uterinas o sangrados.

Por ejemplo :

- ● Cohosh azul
- ● Hidrasta de Canadá
- ● Jengibre
- ● Menta poleo

- ● Mil hojas
- ● Salvia oficinal
- ● Artemisa
- ● Ruda
- ● Genciana

Su seguimiento médico

A partir del primer trimestre de su embarazo, usted visitará cada mes al obstetra o a la partera que le dan seguimiento, para verificar que todo marche bien. Este seguimiento rutinario garantizará en todo momento poder detectar la menor anomalía. Por otra parte, su última visita de control prenatal será la oportunidad de plantear todas las preguntas que le inquietan, particularmente las que están relacionadas con el parto.

AL PASO DE LOS MESES: CONTROL Y PREVENCIÓN

Al ritmo de una consulta al mes, se realiza la visita de control prenatal, los controles se repiten. Para que estas citas sean plenamente eficaces, escriba sus preguntas en el momento en que se le ocurran, para planteárselas después al médico, le parezcan simples o no. Si usted detecta el más mínimo problema entre dos consultas o si tiene la menor duda (ver el recuadro de página siguiente), más vale llamar por teléfono al obstetra o a la partera que lleva su seguimiento o, en su ausencia, al médico de guardia, que le dirá si debe o no acudir a una consulta de urgencia.

Aunque todo esté normal, cada visita tiene su importancia, ya que incluye el diálogo con el médico y un examen clínico completo.

El examen general

No es diferente a las demás consultas: toma de registro y control de peso, toma de presión arterial, análisis de orina. Para empezar, el obstetra o la partera la pesan (usted debe aumentar en promedio de 1.5 kg a 2 kg por mes durante los últimos tres meses). Le toman la presión arterial (debe ser inferior a 140/90, y la segunda cifra es la más importante). Le examinan las piernas (si están hinchadas, es un signo de retención de líquidos) y le hacen un examen de orina que incluye la búsqueda de azúcar (glucosuria) y de albúmina (proteínuria): esta última es la más importante por ser un reflejo de la función renal y, por lo tanto, indica de un riesgo de hipertensión arterial (aumento de la presión sanguínea) que puede declararse hasta el término del embarazo.

El examen obstétrico

Al palparle el abdomen, el obstetra o la partera busca detectar la posición del feto (fotografía de la izquierda). Para calcular su tamaño, mide la altura de su útero con una cinta métrica (fotografía p. 15). También, escucha el corazón del futuro bebé para asegurarse de que late con regularidad (entre 120 y 160 latidos por minuto). Mediante una exploración vaginal, observa las características del cuello del

¿Para qué se buscan estreptococos del grupo B?

Los estreptococos del grupo B son bacterias presentes en la vagina de muchas mujeres, sin que por ello provoquen enfermedades. Sin embargo, durante el parto por las vías naturales, el recién nacido puede quedar contaminado. En este caso, los estreptococos B podrían ocasionar infecciones graves.

Si usted es portadora de estreptococos del grupo B, puede no presentar ningún síntoma particular. Por consiguiente es difícil detectar este problema si no es mediante un análisis de laboratorio. Es por esta razón que la mayoría de los ginecoobstetras realizan un estudio vaginal con el fin de detectarlo, durante la visita del octavo o noveno mes.

Algunos médicos recomiendan este estudio, si la mujer ya dio positivo a estreptococo B en un embarazo previo o si ya tuvo en alguna ocasión un parto prematuro.

Si el resultado es positivo, generalmente se indican antibióticos por vía intravenosa, es decir, por la vena, durante el trabajo de parto para evitar su desarrollo y la contaminación materno-fetal.

útero para darse una idea de su madurez. Ésta se define a partir de varios criterios:
- Su longitud. De estar largo, se acorta y luego se adelgaza; cuanto menos largo, más maduro es.
- Su tonicidad. De estar firme, debe volverse elástico, blando.
- Su posición. De posterior en relación con el eje vaginal, pasa a intermedio y después, centrado.
- Su abertura. De estar cerrado, debe por lo menos volverse permeable a un dedo y, mejor aún, a dos dedos, para estar maduro.

A esto se agrega la altura de la presentación del feto en relación con la pelvis: de móvil, debe encajarse, es decir, dirigirse hacia el cuello.

Estos diferentes criterios se clasifican entre 0 y 2, con una puntuación máxima de 10. Se dice que el cuello está maduro si la puntuación es superior a 7.

LA ÚLTIMA CONSULTA

En la última consulta preparto, el médico determina cómo se presenta el futuro bebé. En ocasiones, evalúa las dimensiones clínicas de la pelvis: ésta debe estar suficientemente amplia para permitir el paso del bebé. En caso de duda, en algunos países aún se toma una radiografía de la pelvis (radiopelvimetría), pero en México ya no se realiza porque existe la posibilidad de causar leucemia al feto.

Voltear al bebé antes del alumbramiento

Cuando el bebé se presenta en posición sentada, se puede intentar voltearlo para que se posicione de cabeza. Para ello existen varios métodos muy diferentes. El más frecuente es la "versión maniobra externa", realizada por el obstetra o la partera al final del octavo mes. Después de haber verificado la posición del feto mediante un ultrasonido, con la ayuda de sus manos, el médico lo levanta hacia la cabeza de la mamá para separarlo de la pelvis, y después le imprime un movimiento de vaivén para girar su cabeza hacia abajo. Esta maniobra tiene éxito en la mitad de los casos.

Los otros métodos

● **Una cadena de posturas** que debe practicar usted misma se llama "puente indio".
La posición del puente indio consiste en tomar tres posturas de 20 minutos cada una, intercaladas con un periodo de descanso de dos horas. Primero, acostada de espaldas, eleve su cadera de 30 a 35 cm con ayuda de cojines. Descanse la cabeza a 15 cm del suelo, sobre otro cojín; sus piernas deben estar extendidas y sus talones tocando tierra. Después se pondrá de rodillas, con la cadera hacia atrás e inclinada hacia delante, con la cabeza sobre sus manos. Finalmente, camine usted "a gatas".
● **La acupuntura,** por su parte, utiliza la técnica de la "moxibustión" (aplicar calor estimulando puntos específicos del cuerpo). Se quema artemisa sobre una aguja a fin de aportar energía yang y atraer la cabeza fetal hacia abajo. Puede realizar esta sesión quemando usted misma una varita de moxa (artemisa) o una vara de incienso cerca del meñique de su pie, todos los días, durante una semana. El objetivo es buscar aumentar la movilidad del feto para que él mismo se voltee. Debe comenzar a hacerlo hacia las 35 semanas de la amenorrea.

Si usted ya tuvo una operación en su matriz

Si usted ya dio a luz mediante cesárea o, por ejemplo, fue operada de un fibroma, su útero tendrá una cicatriz (se habla entonces de un "útero cicatrizado"). Ésta será más o menos resistente, pero ningún examen permite saber de antemano, de manera formal, si, durante el curso de este nuevo nacimiento, resistirá o no las contracciones uterinas. Si éste fuera el caso, sería necesario realizar una cesárea.

Síntomas que deben alertarle

● **Sangrado:** podría significar un problema con la placenta. En todos los casos, acuda de inmediato al departamento de urgencias de su hospital.
● **Fiebre:** normalmente es síntoma de una infección. Si persiste por más de 24 horas, debe consultar a su médico.
● **Pérdida de líquido amniótico:** si su pérdida tiene una consistencia anormal, seguramente se trata de líquido amniótico. Consulte al hospital. Si usted percibe salida de líquido de consistencia inhabitual, puede tratarse de líquido amniótico. Consulte a su hospital. Si se trata de una fisura o ruptura de la bolsa, será hospitalizada para evitar los riesgos de infección.
● **Disminución de los movimientos del bebé:** si no ha sentido moverse a su bebé durante más de 12 horas, acuda a consulta de urgencia. Se procederá a un ultrasonido y a un monitoreo para verificar el bienestar del feto.

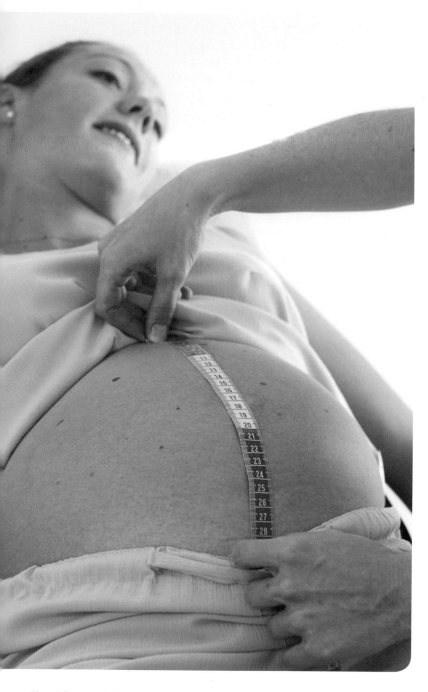

UNA VISITA OBLIGATORIA A SU ANESTESISTA

Es obligatorio consultar al anestesista al final del octavo mes, para preparar lo mejor posible las condiciones del parto. Esta visita incluye un interrogatorio que repasa los antecedentes médicos y quirúrgicos, las posibles alergias (antisépticos, antibióticos…), la toma de medicamentos y un examen clínico completo.

Esta consulta busca determinar los riesgos hemorrágico y alérgico, una posible contraindicación futura a la peridural, y evaluar la facilidad de procedimientos anestésicos (en particular, examen de la columna vertebral). El objetivo es conocerla bien antes del parto. Esta cita con el anestesista puede parecer superflua, porque la mayoría de las mujeres embarazadas son jóvenes y gozan de buena salud, pero resulta útil para prevenir cualquier emergencia durante el parto.

Informaciones sobre la peridural

El anestesista también va a explicarle en qué consiste la peridural, cómo es su aplicación, cuáles son sus efectos en el parto y los efectos secundarios que podrían presentarse. Le explicará que una posible cesárea puede practicarse igualmente bajo peridural. A menudo, de forma paralela, el hospital organiza una sesión informativa en grupo sobre el tema.

El médico evalúa este riesgo, a más tardar durante la última consulta. Si la pelvis se muestra normal, y el bebé no está demasiado grande y si la cesárea anterior se desarrolló sin complicación, no se recurrirá de manera sistemática a una cesárea, pero usted deberá presentarse en el hospital en cuanto se den las primeras contracciones.

Los embarazos de alto riesgo

Esperar a dos o más bebés implica redoblar las precauciones. El obstetra o la partera le ayudarán y le darán seguimiento con vigilancia muy especial. Si usted padece alguna enfermedad crónica asociada, la supervisión se incrementará durante el último mes y se discutirá la modalidad de parto: tanto para la vía del mismo (cesárea o vía vaginal) como para el término del embarazo.

EMBARAZOS MÚLTIPLES: UNA SUPERVISIÓN ESPECIAL

Durante el noveno mes, usted habrá librado el riesgo de un parto prematuro. De cualquier manera, considere que la vigilancia al final del embarazo es muy continua y generalmente se realizan con mayor frecuencia las exploraciones funcionales para vigilar la vitalidad fetal (monitoreo…).

La supervisión a domicilio de una partera será constante.

Sin necesitar un reposo estricto, continúe dándose tiempo para descansar durante el día, evite los trayectos largos y los viajes porque el trabajo de parto puede comenzar desde el principio del noveno mes.

Puede resultarle de gran beneficio una ayuda doméstica.

En ciertos casos, la hospitalización al final de embarazo es indispensable.

Parto prematuro

El término de un embarazo de gemelos es de 38 semanas de amenorrea. El parto es más complejo; en ocasiones, es necesario programar una cesárea. Por consiguiente, en algunos países se recomienda dar a luz en un hospital de segundo o tercer nivel (ver p. 56).

Según el tipo de embarazo gemelar

Cuando usted espera gemelos, la principal preocupación del médico es determinar por ultrasonido el tipo de embarazo gemelar.

En caso de adicciones

El consumo de tabaco o de alcohol implica riesgos para el feto; con mucha mayor razón, el consumo de drogas como la heroína o la cocaína. En estos casos, una desintoxicación durante el embarazo sólo puede efectuarse en un sitio especializado. Es esencial que la suspensión sea progresiva, porque una interrupción súbita del consumo podría provocar la muerte del feto. La futura madre queda rodeada y apoyada por un equipo en el seno del hospital, o se beneficia de un apoyo psicológico que le permitirá, por lo menos, reducir su consumo, si para ella resulta difícil la interrupción.

La situación más favorable es la de dos placentas y dos bolsas amnióticas, porque entonces los gemelos son independientes. Cuando sólo hay una placenta, la situación es más delicada.

Se le pedirá hacerse frecuentemente una radiografía de la pelvis. Con base en las medidas de la pelvis y las presentaciones fetales, se discutirá la modalidad de la vía de parto.

ENFERMEDAD CRÓNICA: UN EMBARAZO PROGRAMADO

Toda persona que padezca una enfermedad crónica (hipertensión, diabetes, epilepsia, enfermedades cardiacas, trombosis, cáncer,

esclerosis múltiple) sabe que es muy difícil seguir los regímenes, medicamentos y el seguimiento médico, según su especialidad.

Gracias a los avances científicos, muchos embarazos pueden concluirse sin demasiada dificultad. El médico está en posibilidad de evaluar las repercusiones de la enfermedad y de su trata-miento sobre el embarazo e, inversamente, evaluar el impacto futuro del embarazo sobre la enferme-dad. Establece una supervisión adaptada e incrementada en función de este equilibrio, en combinación con el médico especialista de la enfermedad que padece la futura madre y del equipo obstétrico. A menudo, se adelanta la fecha del parto y se programa el nacimiento para no incrementar el riesgo materno y/o fetal al término del embarazo.

Grupos de apoyo a pacientes

Hay numerosos grupos de apoyo a pacientes que ofrecen sus servicios. Informan sobre la enfer-medad y sus consecuencias, ofrecen compartir sus experiencias y un apoyo nada despreciable.

Las preguntas que se hace usted

"Desde que estoy embarazada, tengo demasiado calor y sudo mucho. ¿Es normal?"

El exceso de calor es una consecuencia del aumento de 20% de su metabolismo. Por eso, usted ya no soporta el calor e incluso siente demasiado calor en clima frío, mientras que todo el mundo está helado. Probablemente suda más, sobre todo por la noche. Es desagradable, pero, al mismo tiempo, esto le permite a su cuerpo enfriarse y eliminar las toxinas.

"¿Puedo consultar mi expediente médico si así lo deseo?"

En varios países existe la posibilidad legal de consultar su expediente médico. La paciente puede tener conocimiento de su contenido, al igual que su médico tratante. También pueden solicitar que se les envíe una copia (con el pago correspondiente), o bien consultar el expediente directamente donde se encuentre. En este último caso suele ofrecerse asesoría médica gratuita. Esta ayuda es especialmente útil para entender bien lo que se lee.

En el caso de México, la Comisión Nacional de Arbitraje Médico (Conamed) establece que el paciente, con base en el Reglamento de la Ley General de Salud en materia de presentación de servicios de atención médica, artículo 32. NOM-168-SSA1-1998, del Expediente Clínico, tiene derecho a obtener un resumen clínico veraz de acuerdo con el fin requerido.

"No solamente tengo estrías, sino que, además, tengo manchas rojas sobre el cuerpo que me dan comezón."

¡Resista usted! En unas semanas se verá libre de la mayoría de las molestias del embarazo, entre ellas la erupción cutánea. Probablemente la tranquilizará saber que, a pesar de su lado inestético y desagradable, es inocua para usted y para su bebé. En términos médicos, se trata de "prurigo" (pápulas y placas pruriginosas urticantes del embarazo), una afección de la piel que generalmente desaparece después del parto y que no se manifiesta en los embarazos siguientes. Sin embargo, en la actualidad, se habla más bien de una "erupción polimorfa del embarazo". En ocasiones esto afecta las líneas de las estrías, pero también, los muslos, las nalgas o las axilas. Muéstreselas a su médico para que, según el caso, él le recete una crema, un antihistamínico (producto contra las comezones) o un tratamiento oral a base de corticoides.

"En estos últimos días, tuve la impresión de pasarme la vida en los baños. ¿Es normal orinar tan seguido al final del embarazo?"

La necesidad de orinar con más frecuencia es un síntoma común de las mujeres embarazadas, sobre todo al inicio del embarazo, cuando el útero aún se encuentra abajo en la cavidad abdominal, pero también en las últimas semanas porque éste se apoya entonces sobre la vejiga, mientras que el bebé se apoya en la pelvis. Si no hay ningún otro signo asociado (ardor al orinar, por ejemplo), todo es perfectamente normal. De no ser así, se le pediría realizar un examen citológico de la orina para asegurar que no tenga usted una infección urinaria.

No caiga en la tentación de disminuir los líquidos que bebe para acudir con menos frecuencia al baño y, como siempre, vaya en cuanto sienta necesidad de hacerlo. De noche, considere alumbrar el camino al baño y quitar de su paso todo aquello que podría hacerla caer (calzado, libros, alfombrilla de cama, etc.); vaya descalza y no con pantuflas o calcetines resbalosos.

"En ocasiones siento pequeños espasmos regulares en el vientre. ¿Es el bebé o se trata de una contracción?"

¡Probablemente su bebé tiene hipo! Es algo común durante la segunda mitad del embarazo. Ciertos bebés tienen hipo varias veces al día, mientras que otros jamás lo tienen. Y esto se prolonga hasta después del nacimiento.

Usted no debe inquietarse porque el hipo es menos desagradable para un bebé (ya sea que esté en su vientre o fuera de él) que para un adulto, aunque dure 20 minutos o más. Por lo tanto, relájese y aprecie esta pequeña distracción del interior. Sepa, además, que cuando un músculo se contrae, entonces se acorta, cambia de forma y se vuelve duro. Lo mismo ocurre con el útero. Si usted tiene una contracción, sentirá que su vientre se encoge, verá que cambia de forma (como si amasara al bebé) y, si lo toca, estará totalmente duro. Pero esto no causará molestias necesariamente, ya que la intensidad de la contracción es débil antes del auténtico trabajo de parto. Cuando el bebé tiene hipo, usted no sentirá para nada esa retracción, sólo un sobresalto muy regular durante algunos minutos.

"A menudo me despierto con un calambre, ¿qué hago?"

El embarazo modifica su equilibrio nutricional y su cuerpo consume más magnesio, lo que puede ocasionar una deficiencia. Entonces tendrá usted fácilmente calambres. Aumente su consumo de magnesio comiendo más frutas y legumbres y beba aguas ricas en magnesio. Si es necesario, y bajo prescripción médica, tome un suplemento medicado. Siguiendo una receta tradicional, también puede colocar un pedazo de jabón de Marsella al fondo de su cama. Por capilaridad y después por transferencia percutánea, usted incrementará su magnesio local.

¿Y su bebé?

Hacia el octavo mes, el futuro bebé se coloca en su posición definitiva para el nacimiento. Entonces su crecimiento se desarrolla con rapidez. En promedio, crecerá 5 cm y aumentará aproximadamente 1.15 kg. Se siente más y más confinado y prácticamente ya no puede moverse… Se acerca el nacimiento, ¡y él decidirá el día!

Durante el octavo mes

● **Toma su posición definitiva.** La mayor parte de las veces el feto se posiciona de cabeza, con las nalgas arriba, en la parte más estrecha del útero, es decir, la parte baja. Tiene la espalda a la derecha o la izquierda de su útero. Según los momentos, deglute líquido o lo regurgita por la boca, pero también por las fosas nasales. No se trata de un simple ejercicio de preparación para la alimentación bucal. El líquido deglutido circula en

el conjunto del tubo digestivo, y esto lo estimula; ciertos componentes del líquido amniótico van a contribuir a la maduración de sus pulmones. El futuro bebé orina mucho, proporcionalmente a las cantidades de líquido amniótico que ingiere.

● **Y se vuelve una preciosura.** Existe una pequeña capa de grasa por debajo de la piel, la cual poco a poco es reemplazada por una capa protectora llamada vernix caseosa.

Sus huesos siguen estirándose y engrosándose. Hacia el final del mes, el futuro bebé pesa en promedio 2.5 kg y mide 47 cm. Su cabeza, ya redondeada, mide 9 cm de diámetro.

A partir de la semana 37

● **Una auténtica piel de bebé.** Ahora, está bien lisa la piel del futuro bebé. La capa de vernix caseosa se ha desprendido parcialmente y flota en el líquido amniótico. El cráneo aún no está enteramente osificado: las dos fontanelas, esos espacios fibrosos que persisten entre los huesos, no se cerrarán hasta varios meses después del nacimiento.

● **Adquirir fuerzas, peso, y crecer.** Durante las últimas tres semanas adquiere fuerzas. En la semana 39 mide aproximadamente 48 cm y pesa en promedio 3 kg; al nacer, el bebé medirá 50 cm. Ha creado reservas de grasa debajo de la piel, porque al nacer, le hará falta protegerse contra una temperatura exterior inferior en 13 ºC a su entorno actual.

Más y más confinado

Al quinto mes, cuando usted sintió a su bebé por primera vez, él tenía todo el lugar que quería para hacer sus volteretas en el útero. Hacia el sexto y séptimo mes, los movimientos activos eran aún

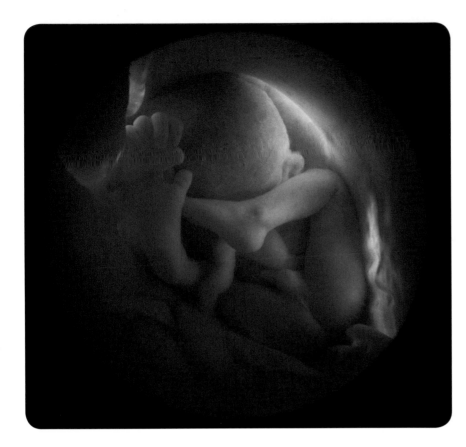

la fecha probable del nacimiento. En contra, cuando se presenta, es un buen signo de acomodo en la pelvis y hay más probabilidades de que el parto transcurra bien.

El examen clínico permite determinar si la cabeza del bebé ya descendió. Una exploración vaginal determina que, si la cabeza está bien colocada, se apoya sobre el estrecho superior de la pelvis (entrada de la cavidad ósea) y ya no puede desplazarse, está "encajada".

Pero también lo puede sentir usted misma: ahora, su vientre parece estar más bajo. La parte superior del útero ya no presiona contra el diafragma, lo que lo libera y le permite a usted respirar con más facilidad. A la vez, su estómago tiene más espacio y usted digiere mejor. Sin embargo, estas ventajas se ven contrabalanceadas por inconvenientes debidos a la presión sobre la vejiga, las articulaciones de la pelvis y del periné.

más fuertes. Hoy apenas puede moverse y darse una vuelta. Y, una vez que su cabeza queda bien encajada en la pelvis, su movilidad se ve aún más reducida. De hecho, al final del embarazo, se constata a menudo una disminución progresiva del número de sus movimientos (de un promedio de 25-40 por hora a la semana 30 a 20-30 al término). Esto se explica por su entorno más estrecho, la disminución del líquido amniótico y al perfeccionamiento de su coordinación motora. Pero, a menos de que cuente cada uno de sus movimientos, es poco probable que usted note una diferencia significativa.

El descenso del bebé

El descenso se produce cuando la cabeza del bebé, dentro de la gran pelvis, se encaja o se fija sobre lo alto de la cavidad pélvica formada por los huesos de la pelvis. Esto significa que el bebé se prepara para salir. Pero el parto puede darse o no. Este signo no da una indicación de

Un útero preparado

Hasta el final del embarazo, la placenta segrega cantidades más y más importantes de estrógenos, principalmente de estradiol, lo que contribuye a la multiplicación de las células del endometrio (mucosa del útero) y al crecimiento del útero. Resultado: de 6 cm de largo y aproximadamente 50 g, el útero alcanza, al término, mil veces su volumen original y pesa más de 1 kg.

El seguimiento médico del bebé

Los exámenes prenatales permiten verificar la salud de los bebés en el útero. Se practican a partir de la semana 41, cuando se alcanza el término teórico, en ocasiones antes (o después de la semana 26) si se sospecha de una anomalía.

Verificación de la actividad fetal

Usted es el primer "monitor" de la vitalidad de su futuro bebé, por la percepción de sus movimientos. Es por ello que podrían pedirle que verifique la vitalidad fetal anotando la frecuencia, la calidad de sus movimientos (¿son auténticos "golpes" o sólo movimientos de reptación tranquila?, ¿modifican, como antes, la forma del vientre o no?), en relación con lo que usted percibía habitualmente.

Este método no se considera infalible, pero informa de manera parcial sobre su vitalidad y puede ser utilizado para vigilar un posible problema. Es buena señal si se constatan en promedio 10 movimientos más o menos en 2 horas (o menos), pero, si la diferencia la inquieta, acuda a urgencias de su hospital donde le practicarán una grabación del ritmo cardiaco fetal y un ultrasonido para confirmar o invalidar sus sensaciones.

Todos estos exámenes no son sistemáticamente necesarios durante un embarazo normal y si usted no se ve inquietada por una sensación de disminución de los movimientos activos fetales. Pero, en cada consulta en urgencias, el monitoreo será automático.

No será completado por los exámenes descritos a continuación, salvo en caso de duda sobre su interpretación o en caso de que se requiera información adicional.

Grabación del ritmo cardiaco del feto

Se conecta a la madre a un aparato (monitor) para grabar el ritmo cardiaco del bebé (de igual modo que durante el trabajo de parto), lo que permite observar la respuesta de su corazón a sus movimientos para así poder analizar su vitalidad. Su médico solicitará un control o pedirá más estudios si el ritmo cardiaco del bebé no se eleva con los movimientos, si no se mueve para nada, o si son detectadas otras anomalías (esto no significa que esté sufriendo, pero se deben hacer más exámenes).

Este examen se practicará cada 48 horas a partir de la semana 41, en espera del nacimiento.

Velocimetría Doppler de la arteria umbilical

Este examen, que no es invasivo, se caracteriza por informar sobre la circulación sanguínea en la arteria umbilical, mediante una sonda emisora de ultrasonidos.

Una circulación débil, ausente o invertida indica que el bebé no recibe suficientes nutrientes y oxígeno. Su vitalidad puede verse modificada y su crecimiento, frenado (y por consiguiente, éste no es satisfactorio).

Al realizarse este análisis, hecho con ultrasonido, el médico también estudia los anexos fetales que informan sobre su bienestar. Por lo tanto, medirá la cantidad de líquido amniótico. Asimismo, observa al feto midiendo ciertos elementos vitales.

Perfil biofísico fetal o escala de Manning

Mediante ultrasonido, se evalúan cinco parámetros ligados a la vida del futuro niño en el útero:
- los movimientos de su cuerpo;
- sus movimientos respiratorios;
- su tono o vigor muscular;
- su ritmo cardiaco;
- la cantidad de líquido amniótico.

Cuando todo está normal, significa que el bebé va bien. Si uno de estos parámetros no se conforma al criterio de normalidad, se estudia de manera más específica su ritmo cardiaco.

A esta calificación, el especialista de ultrasonido agregará la evaluación de la madurez placentaria en relación con el término.

En la actualidad, se aplican raramente los exámenes siguientes, porque los anteriores bastan para obtener un análisis diagnóstico y decidir la conducta a seguir.

Estimulación acústica fetal o vibro-acústica fetal

Sobre el vientre de la madre se coloca un instrumento que produce sonidos y vibraciones, y permite determinar la respuesta del bebé a estos sonidos y vibraciones. Esta prueba es más precisa que otras, menos estresante para el bebé y ayuda a interpretar los resultados de otras pruebas.

Prueba de la oxitocina

En un hospital, se puede practicar una prueba de oxitocina. Permite estudiar cómo reacciona el ritmo cardiaco del bebé al "estrés" de las contracciones uterinas que se inducen, lo que da una idea de la manera en que tolerará las contracciones durante el trabajo de parto. Durante este examen algo complejo y largo (hasta 3 horas), la madre es monitoreada. La respuesta del bebé a las contracciones da una idea de su estado de salud y del de la placenta.

Perfil biofísico "modificado"

Se combina la grabación del ritmo cardiaco del feto con la evaluación de la cantidad de líquido amniótico. Una cantidad insuficiente de éste puede significar que no orina lo suficiente y de que la placenta funciona mal. Si el resultado del examen es adecuado, es probable que todo esté normal.

¿Cómo se presenta el bebé?

Hacia el octavo mes se da el máximo movimiento del bebé, que está con la cabeza hacia abajo y las nalgas hacia arriba. Entonces adopta la posición que tendrá el día del nacimiento. Sin embargo, ciertos bebés no hacen esta voltereta. En el momento del nacimiento, se encuentran en diversas posiciones que influyen en la manera en que podrá efectuarse el parto.

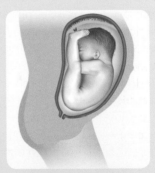

● La posición sentada tiene varias formas; sentado incompleto (el bebé tiene las nalgas abajo y las piernas tendidas hacia lo alto, como en el dibujo de arriba a la derecha); sentado completo (está sentado con las piernas cruzadas). El parto sentado o de nalgas exige de antemano haber medido la talla de su pelvis. Si las medidas radiológicas están en el límite de la normal o son inferiores, se decide una cesárea. Cuando es posible el parto por vía vaginal, el trabajo debe ser dinámico, es decir, regularmente progresivo.

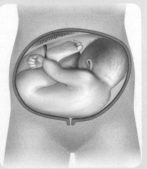

● También, el bebé puede estar tendido a lo ancho del útero (dibujo a la derecha). Se habla entonces de "presentación transversal" (ó "por el hombro"), la cabeza está sobre uno de los lados y descentrada con respecto a la pelvis pequeña. Si se dejara avanzar el parto, lo primero que se presentaría sería el hombro, pero esto se excluye.

Durante la consulta del octavo mes el médico o la partera investigan la posición del bebé. En caso de presentación sentada, existen diversos métodos para acomodar al bebé "de cabeza" (ver p. 14). Si las medidas fracasan, se plantea la posibilidad de dar a luz por la vía vaginal o por cesárea. Las presentaciones transversales siempre implican una cesárea.

Alimentarse en forma balanceada

Como seguramente sabe usted, cuando se está embarazada, es inútil cambiar su forma de alimentarse, a menos que antes haya prescindido de alimentos tan esenciales como los productos lácteos, la carne o el pescado, los cereales… Lo importante es variar sus alimentos. Sin embargo, al transcurrir el tercer trimestre, pueden ser necesarios algunos ajustes.

LO QUE NO DEBE FALTAR

Al paso del tercer trimestre del embarazo y, más adelante, si da pecho, aumentan los requerimientos de proteínas. De hecho, usted debe consumir en promedio de 60 a 65 gramos de proteínas por día. Y si además usted da pecho, su consumo podrá pasar a 70 g. Las mejores proteínas provienen a la vez de fuentes animales (carne, huevos, pescados, productos lácteos) y de fuentes vegetales (pan, pastas, legumbres secas).

El hierro: un oligoelemento más esencial que nunca

Durante los últimos meses, más que nunca, usted debe evitar toda carencia de hierro. La ingesta nutricional cotidiana recomendada para una mujer embarazada es de 25 a 35 mg. Tenga presente que el hierro que proviene de productos de origen animal se absorbe cinco veces mejor que el que proviene de productos vegetales; su absorción es mejor cuando la comida es rica en vitamina C (no dude en comer frutas de postre). Las mejores fuentes alimenticias de hierro son las vísceras, la carne roja, carne de ave y los mariscos (pero cuide de no consumirlos crudos), seguidos de las legumbres secas, las frutas secas, las legumbres verdes y las nueces.

Ácido fólico: auxiliar del desarrollo celular

El ácido fólico, o vitamina B9, es indispensable para multiplicar y renovar las células, y más aún para la producción o desarrollo de tejidos nuevos. Los requerimientos diarios de ácido fólico de su bebé son del orden de 0.4 mg, o sea, para usted, 0.1 mg más que cuando no está embarazada.

Las mejores fuentes de ácido fólico son las legumbres verdes (ensaladas, coles, endibias, espinacas, frijoles verdes, alcachofas…), las frutas (melón, fresas, naranjas, kiwis, plátanos), las oleaginosas (almendras, nueces…), los quesos blandos y fermentados, las menudencias, los huevos.

VIGILAR EL PESO

Si usted ha subido mucho de peso, pida orientación a su médico o a un obstetra. Quizá le recomiende a una especialista en dietas. Pero, en cualquier caso, no emprenda por su cuenta

Con moderación…

- **La sal: ni demasiada ni muy poca.** Elemento vital del cuerpo, la sal regula el equilibrio del agua en el organismo. Durante el embarazo, es frecuente que se manifieste una retención de agua. Ésta va de la mano con el aumento del volumen de la sangre y favorece los intercambios sanguíneos con su bebé. Por tanto no suprima la sal, aunque usted padezca hinchazón. Esto tampoco es motivo para abusar de ella: de hecho, el exceso de sal estimula el apetito y puede elevar la tensión arterial. Por lo tanto, se recomienda un consumo moderado.

- **Edulcorantes: sin exceso.** Si usted tiene que limitar su consumo de azúcar, los edulcorantes pueden ser útiles. Pero elimine la sacarina y los ciclamatos, potencialmente peligrosos para su bebé. Dé preferencia al aspartame, en dosis pequeñas.

Hierro y ácido fólico (ver página anterior) le serán prescritos en función de su concentración sanguínea, es decir, según la cantidad de glóbulos rojos en su sangre, y, si la mayor parte de su embarazo ha transcurrido en los meses invernales, posiblemente tenga necesidad de vitamina D (debido a la falta de luz solar).

un régimen que podría generar en su cuerpo carencias y provocar en su bebé problemas de crecimiento.

Para reequilibrarse sin peligro:
- No suprima ninguna categoría de alimentos, pero limite los grasos y los azucarados.
- No ponga más de una cucharada sopera de aceite en sus ensaladas.
- Evite los postres y las bebidas azucaradas.
- Escoja carnes con poca grasa (filete de res, ternera, carne de ave sin la piel…), jamón magro y pescado.
- Prefiera productos lácteos ligeros.
- Disminuya, pero no suprima, su ración de pan y de féculas; si tiene usted hambre, combine féculas con legumbres verdes.
- Prefiera guisados sin materias grasas, y agregue a los alimentos cocidos un poquito de mantequilla o un chorrito de aceite: así controlará mejor las cantidades utilizadas.

En la medida de lo posible, procure realizar una actividad física regular (caminata, natación).

Complementos alimenticios: prudencia
En ciertos casos, los médicos prescriben suplementos de vitaminas o de minerales. Pero, si goza usted de buena salud y si come de todo, no los necesita para nada. Por lo tanto, no los consuma por iniciativa propia. Una ingesta excesiva de vitaminas o de minerales puede acarrear un desequilibrio grave y, en dosis fuertes, ciertas vitaminas, como la vitamina A, pueden ser tóxicas y peligrosas tanto para usted como para su hijo.

PROBLEMAS COMUNES

Para aliviar la acidez estomacal
La acidez estomacal después de las comidas, acompañada o no por un sabor amargo en la boca, constituye un malestar muy frecuente durante el tercer trimestre. El esfínter (una especie de válvula) situado abajo del esófago ya no se cierra bien, y permite el ascenso de la acidez gástrica contenida en el estómago. Los ardores serán menores si usted evita las comidas abundantes, los refrescos, el té, el café, y alimentos tales como guisados en salsa o con pimienta, las sustancias ácidas, las especias, alimentos crudos, las grasas fritas. Tampoco es aconsejable recostarse inmediatamente después de comer. Por último, tradicionalmente, se recomienda beber jugo de papaya o comer hojuelas de avena…

Luchar contra una mala digestión
A menudo, el tránsito es más lento durante el embarazo, sobre todo en los últimos meses: el útero pesa sobre el intestino, y los músculos del aparato digestivo se relajan bajo el efecto de las hormonas… Para combatir la constipación, beba un mínimo de 1.5 litros de agua al día (o de cualquier otra bebida neutra sin azúcar) y consuma más alimentos ricos en fibras. La mayoría de las frutas y de las legumbres verdes facilitan el tránsito, mientras que las féculas deben evitarse, mientras mejora la situación. Para su ración de pan, dé preferencia al integral (de preferencia orgánico).

Por otra parte, al despertar, un vaso grande de agua mineral rica en magnesio facilitará igualmente el trabajo del intestino. Por último, trate de hacer cotidianamente una caminata de media hora.

Para descansar mejor

Calambres, ganas frecuentes de orinar, sueños opresivos, insomnios… durante estas últimas semanas todas estas molestias le impiden dormir cómodamente y, también, recuperarse. No dude en hacer siestas para compensar esta falta de sueño y la fatiga acumulada.

LA DIFICULTAD DE ENCONTRAR UNA BUENA POSICIÓN

Las noches agitadas y acortadas que vive usted durante estas últimas semanas no tienen incidencia alguna sobre el futuro niño que, por su parte, sigue sus propios ritmos de sueño y vigilia. Sin embargo, la fatiga resultante puede llevarla a tomar más tiempo de reposo durante el día. Trate de encontrar la posición más cómoda para usted, sabiendo, evidentemente, que no hay una ideal.

● Dormir sobre la espalda. Esto se vuelve casi imposible hacia el final del embarazo, ya que una siente que se ahoga. No obstante, se sentirá mejor colocando una almohada bajo la cabeza y otra bajo sus piernas para corregir la curvatura de la espalda.

● Dormir sobre el vientre, Tampoco es una posición soñada, aun si una puede posicionarse de tres cuartos con una pierna replegada. No se inquiete, el bebé, está protegido por la bolsa de aguas, no sentirá molestias.

● Dormir sobre el costado. Muy a menudo, es la posición que sigue siendo la más práctica. Usted se sentirá mejor acostándose sobre su lado izquierdo, pero no dude en cambiar de posición de vez en cuando para evitar los entumecimientos. Quizá también se sienta más cómoda colocando una almohada o un cojín debajo de sus rodillas, y bajo su nuca una almohada plana.

El confort es mejor del lado derecho o izquierdo según la posición fetal en el útero. Por lo tanto, considere sus sensaciones. A veces tiene las mismas sensaciones desagradables por la derecha, que de espaldas, por compresión de la vena cava inferior. En este caso, no dude en voltearse.

ESOS SUEÑOS QUE LA PERTURBAN

Al acercarse el término, sus sueños se vuelven más presentes. De hecho, usted no sueña necesariamente más que antes, pero sin duda está más vigilante y más sensible a todo lo que ocurre física y psíquicamente en el interior de sí misma. Hacia el final del embarazo, si usted se despierta en fase de sueño paradójico (el momento en que uno sueña) debido a que el bebé se mueve o porque no logra encontrar la buena posición, usted puede acordarse con más facilidad de sus sueños.

Toda futura mamá atraviesa una crisis existencial. Se ve a sí misma de manera diferente. Deja de ser la hija de su madre para convertirse en la madre de su hijo. Y, durante este periodo, lo que ha sido suprimido asciende a la superficie, y los sueños, que traducen todo esto en imágenes, afloran. Permiten decir lo que usted no se atreve a decir en voz alta.

¿Por qué pesadillas?

En ocasiones, algunos sueños adquieren cariz de pesadillas y pueden provocarle miedo o vergüenza (usted olvidó a su bebé en un rincón, usted dio a luz sin darse cuenta, usted sofoca a su bebé, o bien él se ahoga…). Mantenga la calma, usted no es la única futura mamá cuyas noches se ven surcadas por imágenes tales que expresan sus miedos: miedo de una libertad perdida, del parto, de la separación con el bebé, de no ser una buena madre… Si sus sueños resultan demasiado pesados para cargar con ellos, no dude en hablar de ellos.

●ALGUNAS MAÑAS PARA CONCILIAR EL SUEÑO

Por la noche coma ligeramente, y durante el día evite los estimulantes como el café o el té. Disfrute un baño tibio o prepárese una taza de leche caliente o de tila justo antes de meterse a la cama.

Cuando se despierte, abra una ventana y respire unas bocanadas de aire fresco, camine un poco, escuche música relajante. Déjese mecer por sus movimientos respiratorios. Relájese (vea más abajo).

Si nada da resultados, hable con su médico o su ginecoobstetra. Pero sobre todo no tome tranquilizantes o sedantes sin previa consulta médica, porque las consecuencias podrían ser nefastas para el feto.

La relajación para dormir mejor

En general, la relajación favorece la llegada del sueño y, en su ausencia, procure una relajación muscular que descansa todo el cuerpo.

● Acuéstese de espaldas, con los ojos cerrados, y concéntrese en su respiración. Estire bien la parte posterior del cuello, colocando su mentón contra el pecho y bajando sus hombros.

● Coloque sus manos abajo de su vientre a fin de seguir con ellas el ritmo de su respiración. Respire lentamente hasta alcanzar la expiración más larga y más lenta posible, seguida de una inspiración sin esfuerzo.

● Acuéstese de preferencia sobre su lado izquierdo, doblando las piernas. Coloque uno o dos cojines bajo su cabeza y uno entre sus piernas.

● Manténgase atenta a su respiración, y deje que su cuerpo se relaje más y más con cada expiración.

● Comience por relajar los músculos de sus pies, después los de sus piernas, hasta la cadera. Después relaje el conjunto de su espalda, desde los riñones hasta los hombros.

● Finalmente, relaje los brazos, el cuello, y todos los músculos de su cara, dejando que sus párpados se vuelvan pesados.

El cuidado personal

Durante estas últimas semanas, quizá se vea la fatiga sobre su rostro, sus rasgos están tensos, su piel está más frágil. A menudo, cuesta cargar los kilos adicionales… Algunos consejos para su cuidado personal (con toda serenidad).

¿Duchas o baños?

A pesar de la creencia popular, las duchas no son absolutamente prohibidas durante el embarazo, ya que, por el contrario, tienen un efecto relajante. Si, como muchas mujeres embarazadas, usted tiene dificultades para dormirse, puede darse un baño por la noche. Por su parte, la ducha también ofrece ventajas: tiene un efecto más estimulante. Pequeño detalle importante: equipe su baño con un tapete antideslizante, porque una caída sería muy peligrosa en su condición. Y, ya sea que se trate de un baño o de una ducha, evite el agua demasiado caliente, porque no es aconsejable para la circulación sanguínea.

Sea cuidadosa con su higiene íntima

Durante el embarazo las secreciones vaginales pueden aumentar. Lávese usted con agua y un jabón ordinario o ginecológico. Este último, a la venta en farmacias, se presenta bajo forma de jabón líquido o de polvo para diluir. Y evite todos los productos ácidos o a base de mercurio, demasiado agresivos para la mucosa vaginal.

Un consejo, que no es mínimo: no recurra jamás a duchas vaginales que, igualmente, dañarían la mucosa. De preferencia, use pantaletas de algodón, fáciles de lavar a alta temperatura.

Aceites esenciales: con moderación

Si usted tiene la costumbre de usar aceites esenciales, puede seguir agregando algunas gotas a su baño. De hecho, algunos tienen virtudes relajantes no despreciables y apreciables. Pero, en caso contrario, no comience a usarlos ahora. De hecho, durante el embarazo, usted está mucho más sensible y los riesgos de alergia aumentan. Sepa también que los aceites esenciales no se aplican nunca directamente sobre la piel. Por último, algunos no se aconsejan para mujeres embarazadas (ver recuadro p. 11).

Luchar contra las estrías…

Esas estrías longilíneas sobre la piel, más o menos grandes, son provocadas por una ruptura de las fibras elásticas de la piel. Aparecen en cerca del 75% de las mujeres embarazadas, en general a partir del sexto mes de embarazo. Localizadas con mayor frecuencia sobre el abdomen, las nalgas, las caderas, los muslos y los senos, las estrías

¿Con o sin paraben?

Aunque a menudo se emplea este término en singular, existen varios parabenes, siendo los más comunes el metilparaben, el etilparaben (E214), el propilparaben (E126) y el butilparaben. Estos conservadores entran en la composición de numerosos productos de belleza. Su uso ha resultado altamente polémico desde que estudios científicos mostraron que podrían provocar cáncer del seno y ser perjudiciales para la fertilidad masculina.

En ausencia de confirmación de los riesgos, su uso sigue autorizándose en cosmetología. Sin embargo, más y más investigadores recomiendan a las mujeres embarazadas abstenerse de usar productos de cuidado personal no certificados sin conservadores o de usar productos etiquetados "bio". De hecho, el uso de parabenes está prohibido en los productos de belleza bio certificados por Ecocert, o son sustituidos por conservadores naturales. Los únicos autorizados son el benzoato de sodio, el sorbato de potasio, el alcohol bencílico y el ácido dehidroacético.

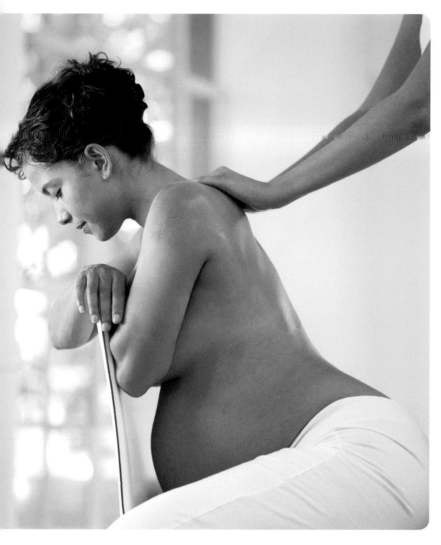

…y la celulitis

La celulitis se debe a la acumulación anormal de grasas en los tejidos adiposos, que se deforman y adquieren un aspecto con hoyuelos (la famosa "piel de naranja"). Cuando se saturan las células, la circulación sanguínea se dificulta. La obesidad favorece esta saturación.

Para combatirla, conviene estimular las células grasosas y descongestionar los tejidos, favoreciendo su drenaje. El masaje puede contribuir a que los tejidos recobren un poco de elasticidad: utilice una crema, un aceite o un gel y, siempre, haga los movimientos de abajo de los muslos hacia arriba.

Mientras le sea posible, no abandone la actividad física e intente practicar un ejercicio cada día, aunque sea moderado. La caminata y la natación son muy adaptables y favorecen la circulación sanguínea.

Beba mucha agua y esté atenta a los incrementos rápidos de peso.

son irreversibles, pero se vuelven menos visibles después de haberse cicatrizado y blanqueado. Su aparición es más frecuente en casos de aumento importante de peso.

Para tratar de evitar que se presenten, desde luego, usted puede controlar su aumento de peso, y aplicarse cada día una crema hidratante. Nutriéndola así, la piel recupera su elasticidad, se hace flexible, se distiende y corre menos riesgo de "romperse o fisurarse".

Por otra parte, una exfoliación suave, efectuada una vez por semana, permite que la piel absorba mejor los productos de cuidado. El masaje, el amasamiento de la piel, también permite estimularla y reforzar su elasticidad.

Una pequeña estética a domicilio

¿Demasiado cansada para acudir con el estilista o a la estética? ¿Por qué no recurrir a cuidados estéticos a domicilio?

Si usted necesita una depilación, un corte de cabello, un manicuro o cuidados para su rostro, podrá encontrar profesionales que se desplazarán hasta su casa.

Y recuérdelo: no hay nada como un poco de embellecimiento para sentirse menos fatigada.

Las preguntas que se hace usted

"¿Puedo seguir depilándome con cera caliente?"

Como habrá podido constatar, sin duda, los vellos, al igual que los cabellos, tienden a crecer más rápido y más tupidos durante el embarazo. Si bien no queda prohibida la depilación con cera caliente, debe evitarse cuando se tengan problemas de circulación sanguínea y pesadez en las piernas. Recurra mejor a la cera fría o a las cremas depilatorias vendidas en farmacia (una pequeña prueba preliminar permitirá verificar que no es usted alérgica). Si tenía usted la costumbre de depilarse el pequeño vello del labio superior, por un tiempo es preferible la decoloración (misma precaución contra las alergias), porque se corre el riesgo de que vuelva a crecer más y más con cada depilación, con el riesgo de que se vuelva verdaderamente inestético.

Atención: no olvide darle masaje a su periné

A partir de las semanas 35-36, puede comenzar a masajear su periné para darle flexibilidad y así prevenir los riesgos de desgarramientos durante el parto, motivo por el que a menudo se practica una episiotomía. Introduzca el pulgar a la entrada de la vagina y dóblelo hacia el ano. Con el dedo medio y el índice, dé masaje en el sentido de las manecillas del reloj, recorriendo medio cuadrante. Repita este masaje todos los días, de 3 a 5 minutos.

"Antes, mi ombligo estaba perfectamente retraído. Ahora, está salido. ¿Va a quedarse así después del nacimiento?"

Un ombligo prominente no es ideal para lucir un traje de baño de dos piezas, pero es común en una mujer embarazada. El vientre, que se redondea, termina por empujar el ombligo, a veces desde el sexto mes. En general, después del nacimiento, regresará a su lugar, aunque es probable que quedará un poco más grande. Si es su segundo embarazo, puede que resalte antes.

"¿Puede una dar pecho cuando los pezones están umbilicados, retraídos o poco formados?"

Si sus pezones están retraídos o poco salidos, hacia el final del embarazo usted puede portar pezoneras de amamantar en el sostén, para favorecer la protuberancia del pezón. Después, una vez nacido el niño, usted facilitará el darle pecho estirando la punta de los senos antes de cada tetada. Asegúrese de que, en cada tetada, su bebé tome bien el máximo de areola en su boca, pero no olvide que su bebé chupa el seno, y no el pezón, que sólo es "el extremo del tubo". Por otra parte, después de algunas tetadas, en general, la fuerza de la succión hace resaltar el pezón, y todo se desenvuelve serenamente.

"Yo soy miope. ¿Esto puede presentar algún problema durante el parto?"

La miopía no impide que el parto tenga lugar por las vías naturales. Sin embargo, si usted ya tuvo lesiones en la retina, deberá empujar con cuidado cuando expira para evitar cualquier riesgo de aumento en la presión ocular y minimizar el riesgo de tener que recurrir al fórceps. Por su propia tranquilidad, consulte antes a su oftalmólogo, quien estudiará el fondo de su ojo.

"Tengo miedo de tropezar contra la acera, de caerme y de que esta caída le haga daño a mi bebé."

En el tercer trimestre de su embarazo, una mujer no siempre está muy estable. El sentido del equilibrio está afectado debido a que el centro de gravedad está desplazado hacia delante, y articulaciones más flojas explican su torpeza. Si se cae, es mayor el riesgo de caer con el vientre por delante. Además, se agrega a esto su tendencia a cansarse rápidamente, su distracción y el hecho de que su vientre oculta sus pies. ¡No es nada sorprendente que tropiece usted contra la acera!

Una caída podrá costarle algunos rasguños y heridas pequeñas, pero es muy raro que por ella sufra el feto. De hecho, está protegido por uno de los sistemas de absorción de choques más sofisticados del mundo: el líquido amniótico, membranas sólidas, un útero íntegramente formado por músculos elásticos y una cavidad abdominal robusta protegida por huesos y por músculos. Para que sufra una herida el bebé, sería necesario un choque extremadamente violento, que requeriría una hospitalización de urgencia.

Sin embargo, en caso de caída, y aun si probablemente sea mayor el susto que el daño, más vale hacerse examinar. Esto permitirá verificar el ritmo cardiaco de su bebé y, sobre todo, darle tranquilidad a usted.

En las contadas ocasiones en que un accidente afecta un embarazo, se constata sobre todo un desprendimiento prematuro de la placenta. En caso de sangrados o de pérdida de líquido al nivel de la vagina, de dolores en el vientre o de contracciones uterinas o incluso si usted ya no siente que se mueve su bebé, acuda inmediatamente a urgencias.

"Cuando he hecho el amor, mi bebé a menudo deja de dar de golpes hasta por una media hora. ¿Es mejor que me abstenga?"

La reacción del feto varía cuando sus padres hacen el amor. Algunos son mecidos y acaban durmiéndose con los movimientos rítmicos de la relación y las contracciones uterinas que siguen al orgasmo. Otros se ven estimulados y se vuelven más activos. Estos dos casos de reacción son normales y para nada indican que el feto esté consciente de lo que ocurre o que padezca de manera alguna.

De hecho, usted puede seguir haciendo el amor hasta el nacimiento, ¡cosa que le aconsejamos hacer mientras sea posible! Contemple las cosas de frente, cuando por fin haya llegado su bebé, entonces tendrá usted dificultades, al principio, para estar disponible para tiernos retozos.

Entre inquietud e impaciencia

El embarazo es a la vez fuente de felicidad y de ansiedad. Suscita un gran número de preguntas, transforma las relaciones con el entorno y profundiza el conocimiento que una tiene de sí misma. Todo esto no siempre es fácil de vivir, ni tampoco el comprenderlo o aceptarlo, pero, muchas veces, al salir de este periodo, una descubre que es más fuerte.

Un equilibrio emocional perturbado

Una mujer embarazada se preocupa por igual de lo que vive en el presente, como de su futuro papel de madre, que quiere preparar y anticipar. En general, experimenta sentimientos ambiguos. Durante su embarazo, ella puede atravesar por estados diferentes; estar ya sea atontada y soñadora, o bien deprimida, o por el contrario, alegre, con un sentimiento de mayor confianza en sí misma. No es excepcional que periodos de tristeza sucedan a momentos de euforia. Los movimientos del espíritu, de la identidad, de la historia familiar hacen que se instale una cierta serenidad, o, a la inversa, una cierta vulnerabilidad. Estos cambios imprevisibles de humor no siempre son fáciles de vivir ni para usted ni para quienes la rodean, sin embargo, son casi inevitables.

Un periodo de cuestionamientos

Muchas mujeres, incluyendo aquellas cuyo embarazo se desarrolló muy bien, pueden resentir una cierta ansiedad ante la idea de dar a luz, y de ser madre después. A menudo, dudas e incertidumbres son parte de la espera. Esta última fase del embarazo es también la del encuentro con el hijo. Concebir un bebé es un salto a lo desconocido y puede dar miedo, mucho más si es su primer hijo. Por consiguiente, es normal que usted se plantee muchas preguntas. Al acercarse el término, usted experimenta más y más el sentimiento de estar en el ritmo de la naturaleza, sin dominarla, entre la espera y lo imprevisible, entre la impaciencia y el temor.

● **"¿Saldrá todo bien cuando dé a luz?"**
¿Cómo sucederán las cosas? ¿Voy a sentirme mal? ¿La peridural será eficaz?... Usted puede tener preocupaciones respecto del gran día. Por otra parte, este temor no se vuelve sólo contra usted. Puede ser que usted tema que algo grave pudiera ocurrirle al bebé. Además, esta inquietud puede ser más fuerte si usted ya vivió un embarazo que tuvo problemas. Sin embargo, puede estar segura de que cada vez es diferente. Tenga confianza y deje que las cosas ocurran porque, por instinto, usted tiene en usted misma los recursos para dominar su parto. Y los obstetras están ahí para acompañarla.

● **"¿Voy a estar a la altura?"** A menudo, las interrogantes acerca de un primer hijo están ligadas a la nueva condición de madre. "¿Voy a

Vivir sola su embarazo

Hoy en día, cada vez más madres solteras asumen por su cuenta su embarazo y la educación de su hijo. En el plan fisiológico y médico, el embarazo puede resultar muy bien. Su progreso día a día dependerá mucho de la situación y de los motivos que llevaron a él. A menudo, la familia o los conocidos aportan un apoyo afectivo y, en ocasiones, si es necesario, material. Cuando la mujer está realmente aislada, puede alojarse temporalmente en un hogar o una casa de maternidad. En ciertos casos, vivir sola un embarazo será una prueba. Posiblemente, la mamá necesitará de apoyo psicológico. En este caso no debe titubear en bien sincerarse con la partera o el médico que le da seguimiento.

ser una buena mamá?" La mayoría de las futuras madres conocen este tipo de cuestionamiento, y su experiencia a posteriori demuestra que sus capacidades de madres se revelan una vez que el hijo ha nacido y que se ocupan de él.

● "¿Hasta qué punto va a transformar mi vida?" Son muchas las mujeres que no siempre están preparadas para la idea de que el hecho de ser madre implica ciertos cambios. Suele suceder que una futura madre tema que su hijo monopolizará todo su tiempo, que contraríe sus ambiciones profesionales, que descomponga sus relaciones con su pareja. Vista de esta manera, la necesidad de asumir este nuevo papel puede dar origen a un estrés insidioso. Pero, en general, cuando el hijo ha llegado, no se experimenta ningún sentimiento de pérdida, al contrario. Progresivamente, ella reorganizará la vida cotidiana para poder llevar de frente su vida de madre y su vida de mujer.

Una dinámica conyugal trastornada…

El esperar un hijo modifica la vida en pareja y puede engendrar una desorganización de los lazos afectivos. La pareja cambia de estructura y, al paso de los meses, se transforma la familia. Usted era la mujer, la amante, y se convierte en madre. De igual manera, el hombre con el que vivía usted se convierte en el padre. Al pasar de la condición de cónyuge a la de padre, usted comienza a ver de manera diferente a su pareja. Los papeles de padre y madre que ustedes tendrán que asumir contribuyen a reforzar los estereotipos de masculinidad y feminidad. Los dos miembros de la pareja ya no pueden ser iguales e, inevitablemente, cada uno resiente la necesidad de jugar su nuevo papel en el seno de la futura familia y, sobre todo, de estar a la altura.

…pero con relaciones íntimas siempre posibles

Durante el embarazo, la frecuencia y la calidad de sus relaciones sexuales dependen sobre todo de la manera en que se sienta usted. El deseo conoce altas y bajas, según su estado físico y su estado espiritual, así como el de su compañero. Pero, salvo contraindicación médica, usted puede

hacer el amor hasta en las últimas horas de su embarazo. En ocasiones, el volumen del vientre representa un estorbo; pero esta "dificultad" vuelve muy imaginativas a ciertas personas. De hecho, es ocasión para explorar nuevas posiciones o para descubrir una nueva sensualidad. Para ciertas parejas, el embarazo favorece un mejor conocimiento del cuerpo del otro y da un nuevo impulso a los juegos amorosos.

Ejercicios de respiración y de relajamiento

La preparación para el parto es ocasión para descubrir ejercicios de relajación y ciertas técnicas respiratorias que tienen por objetivo limitar las tensiones el gran día. Usted puede ejercitarse en casa y practicar además movimientos para aliviar su espalda y sus piernas. Son muy útiles hacia el final del embarazo.

APRENDER A RESPIRAR Y A RELAJARSE

Bajo el efecto del malestar, sin importar su origen, la respiración se bloquea, el cuerpo se tensa y todos los músculos se contraen. Esta reacción en cadena crea una tensión viva, a la vez física y psíquica, y acentúa la primera sensación de molestia. En la medida de lo posible, el aprendizaje de técnicas le ayudará a estar calmada, relajada y perfectamente "oxigenada" desde el momento en que sienta las primeras contracciones uterinas que señalan el inicio del trabajo de parto.

La respiración

Durante el embarazo, sus necesidades de oxígeno aumentarán (el diafragma se eleva, provocando una disminución en la capacidad residual y un aumento de la masa sanguínea). Durante el parto mismo, al igual que durante cualquier esfuerzo muscular intenso, resulta primordial una buena oxigenación: favorece el relajamiento muscular y la dilatación.

La respiración durante el parto es una respiración natural profunda. Usted se aplicará a sentirla, a redescubrirla y a profundizarla. Así favorecerá la oxigenación de todo el organismo. Deje que su inspiración se efectúe con libertad después de haber expirado por la boca lo más lentamente posible, hasta vaciar por completo sus pulmones. Ya no se practica la respiración superficial y acelerada, llamada "de perrito". En la futura madre, puede provocar una hiperventilación y malestares de cabeza.

La relajación

Las más de las veces, los ejercicios de relajación se practican en posición acostada, sobre el costado. Consisten en relajar de modo progresivo cada parte del cuerpo. También permiten aprender a contraer un músculo particular, independientemente de los demás, a fin de poder, por ende, recibir una contracción en un cuerpo relajado.

APRENDER A PUJAR

Usted podrá ayudar a su bebé a atravesar la pelvis, asociándose activamente al trabajo del útero al ocurrir las últimas contracciones, que culminarán con el nacimiento. A cada contracción, usted pujará dos o tres veces. Es preferible realizar este

¡Cuidado con los revestimientos del piso!

Si usted practica con regularidad el relajamiento o ejercicios de gimnasia en casa:

● **Procúrese** un tapete de ejercicio mullido y bien grueso, para que sea más cómodo, e instálese de preferencia sobre un parqué o sobre una alfombra.
● **No use nunca** calcetines o calzado que se adhiera sobre un piso resbaloso.
● **Evite** portar calzado de suelas resbalosas.

ejercicio después del de medio-puente (ver p. 36), gracias al cual su columna vertebral queda estirada y su cadera, bien orientada.

① Acostada de espaldas, con las piernas separadas, usted ha retraído las rodillas a cada costado del vientre.

② Con las manos, sujete sus rodillas, inhalando.

Respire hondo y permita la inhalación inflando el vientre y después el pecho. Respire haciéndole resistencia a su aliento, como al gritar, a fin de utilizar sus músculos abdominales oblicuos externos (laterales); éstos se enrollan alrededor de su útero y conducirán a su bebé al exterior el día del parto sin provocar aumento de la presión sobre su periné. La guiará el llamado de su bebé dado por la sensación de apoyo sobre el periné.

Algunas de ustedes preferirán pujar bloqueando. Bloquee entonces la respiración y después puje retrayendo las rodillas hacia los hombros para equilibrar bien la cadera, abrir el periné a profundidad y evitar levantarse. Los abdominales utilizados siguen siendo los oblicuos externos. Sólo cambia la modalidad respiratoria. Cuide de no guardar aire en las mejillas y de pujar en la dirección correcta (hacia atrás y hacia abajo).

LA GIMNASIA PERINEAL

Para preparar bien la expulsión, es esencial trabajar el periné. También podrá realizar estos ejercicios después del nacimiento.

① Colóquese a gatas, con la cabeza posada sobre sus antebrazos, y distienda su periné.

② Acuéstese de espaldas, con las piernas dobladas sobre una silla. Al inspirar, mueva su pierna izquierda hacia el exterior. Después regrésela al eje vertical expirando y contrayendo el periné.

Puede hacer el mismo trabajo de contracción-relajación del periné asociado al ritmo respiratorio, de vez en cuando, durante el día, en cualquier postura. De esta manera trabajará usted su tonicidad y su elasticidad.

Por último, si así lo desea, es el momento de comenzar el masaje del periné (ver p. 30).

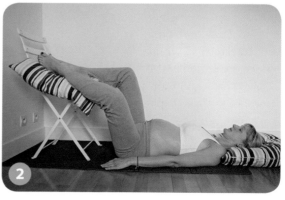

ALIVIO PARA SU ESPALDA

El medio-puente

Este ejercicio, que conjuga los beneficios del estiramiento de la columna vertebral y los de la báscula de la cadera, debe preceder a cualquier otro ejercicio en posición acostada. Repita este movimiento cinco veces, intentando respetar su ritmo respiratorio. El objetivo es estirar su columna vertebral: por ello sus nalgas quedarán más lejos de los hombros de lo que estaban al iniciar el ejercicio; la curvatura va a borrarse o a disminuir netamente.

① Usted está acostada de espaldas, con los brazos a lo largo del cuerpo, las piernas dobladas y los pies separados al ancho de la cadera. Está usted curvada: existe un hueco al nivel de su cintura.

② Exhalando, levante lentamente las nalgas y la parte baja de la espalda. Puede apoyarse sobre sus manos para ayudarse. Mantenga esta postura unos segundos, respirando con tranquilidad. Exhale de nuevo, descansando su espalda suavemente sobre el piso. El hueco lumbar reaparecerá, pero netamente atenuado.

③ Si una ciática le impide levantar las nalgas como se indica arriba, usted, sin forzarse, va a intentar estirar su columna vertebral, levantando lo alto de su espalda, de los riñones a los hombros.

Mantenga las nalgas sobre el suelo y, apoyándose sobre la parte posterior del cráneo, levante la columna vertebral, comenzando por la parte baja de la espalda y remontando hasta los hombros y la nuca. Su cabeza va a resbalar hacia arriba.

El balanceo

Este ejercicio, que constituye un auténtico masaje de la espalda, es apreciado porque alivia los dolores lumbares, frecuentes hacia el fin del embarazo. Se trata de un automasaje que se practica a solas y cuantas veces sea necesario. Puede ejecutar este ejercicio con las rodillas separadas, pues su vientre está voluminoso.

① Acostada de espaldas, con los muslos levantados hacia el vientre, agarre sus piernas justo debajo de sus rodillas. Sus brazos deben permanecer flojos, no jalan sus rodillas hacia su pecho.

② Déjese rodar suavemente sobre el costado izquierdo, sin exceso, a fin de no tener que aplicar una fuerza demasiado importante para regresar al centro. Después, regrese a su posición inicial. Su cabeza, su nuca y su espalda deben permanecer siempre dentro del eje de sus piernas.

③ Ruede usted ahora sobre el costado derecho. Déjese guiar por el movimiento y su ritmo.

   Aproveche plenamente los beneficios calmantes del balanceo. Su respiración es más y más libre, su espalda queda más y más relajada, mientras se balancea con suavidad de un lado a otro.

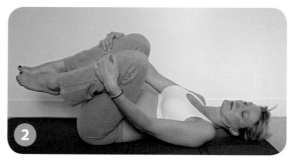

El gato

El ejercicio del gato se practica a gatas. De esta manera, esta postura alivia a la espalda y al periné del peso del útero. Conviene practicar este ejercicio hasta el parto, con miras a prevenir o aliviar los dolores de espalda.

① Colóquese a gatas, sus brazos quedan extendidos, sus manos planas sobre el piso; sus rodillas quedan debajo de sus caderas y separadas al ancho de su cadera. Inhale levantando la cabeza y ahuecando la región lumbar.

② Exhale, bajando la cabeza, cerrando el vientre y curvando la espalda, "como un gato". Siga hasta el fin de su exhalación, y después inhale de nuevo enderezando la cabeza y ahuecando la parte baja de la espalda.

Los métodos de preparación para el parto

El parto es un evento mayor y requiere de una preparación tanto física como psicológica. Si, hasta ahora, usted ha descuidado esta etapa, no dude en acudir con un obstetra o una partera experimentada. Aunque ya falten pocas semanas para su parto, él o ella podrá responder a sus preguntas, darle confianza y poner en marcha algunos ejercicios corporales.

LA HAPTONOMÍA: AL ENCUENTRO DEL HIJO

Más que una preparación para el parto, la haptonomía se centra de cierta manera en profundizar los lazos afectivos entre la madre, el hijo y el padre, antes, durante y después del nacimiento.

¿Cómo ocurre esto?

La educación perinatal comprende ocho o nueve sesiones. En algunos países, como Francia, la llevan a cabo médicos, parteras o psicólogos, formados en el Centro internacional de la investigación y el desarrollo en haptonomía, y se practica en un consultorio independiente o en un entorno hospitalario en ciertas maternidades. Usted puede comenzar temprano. Después de los siete meses, sin embargo, es demasiado tarde para empezar, porque se necesita tiempo para adaptarse a este método. Después del nacimiento, si así lo desea, el apoyo perinatal puede continuarse durante 15 meses más.

Sesiones siempre en pareja

Las sesiones se desarrollan únicamente en pareja, no en grupo. Usted aprenderá cómo colocar sus manos alrededor de su vientre, cómo invitar al bebé a desplazarse una vez que usted siente que se mueve. Por su parte, el futuro padre aprenderá maniobras que reconfortan a la madre y la guiarán a tener buenas posturas. Una vez que las hayan aprendido, ustedes practicarán juntos estos movimientos suaves, pero precisos, en casa, entre las sesiones, al ritmo que les convenga.

Un acercamiento afectivo

Los padres se percatan progresivamente que poseen recursos que nunca utilizan: capacidades de apertura hacia el otro, y no de concentración y de introspección sobre sí mismos. Cuando la madre está afectivamente alrededor de su hijo y de su pareja, su útero se relaja, y recibe a su hijo de manera más gentil. De la misma manera, en cuanto su pareja se abre de modo afectivo a su mujer y a su hijo, ella distiende su tono muscular.

¿Y los preparativos?

En Francia, el seguro médico cubre ocho sesiones para preparar el nacimiento —una entrevista y siete sesiones—, independientemente del método.

Sólo entran en la definición de "preparación para el parto" las sesiones animadas por una partera o un médico. Las parteras tienen una formación técnica y médica asociada a un conocimiento adquirido al paso del tiempo y de generaciones tratando a mujeres. Median entre la ciencia y su historia particular, para que todo se conjunte de la mejor manera.

Cualquier otro taller, aun con un alto grado de competencia, no sustituye esta preparación.

Si vive en América Latina, debe seguir las instrucciones de su médico particular o la institución de seguridad social que la esté atendiendo.

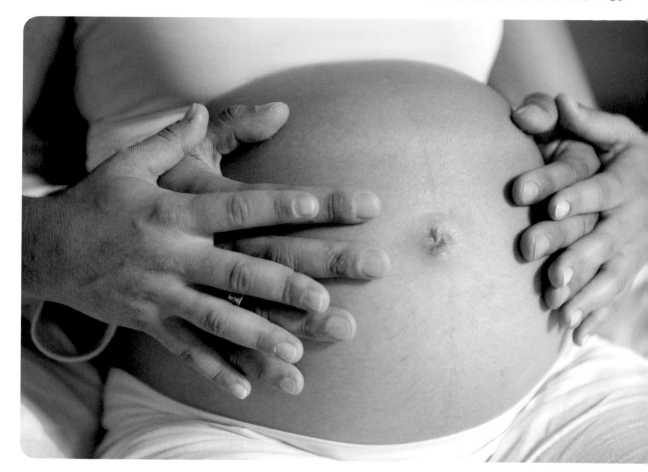

La respuesta del niño

Al paso de las sesiones, los futuros padres se darán cuenta de que su hijo buscará el contacto afectivo. El hijo se acurruca, se enrosca bajo la mano que lo mima. Incluso toma iniciativas y entra en el juego. En ocasiones acude a buscar una mano que lo reciba. Para los padres, es una sorpresa enorme el sentir que ese hijo responde y que acude a su encuentro. Esta experiencia les da seguridad en el hecho de que son capaces de crear lazos con él. La haptonomía permite a la mujer y al hombre ya sentirse padres durante el embarazo.

Qué hacer durante el último mes…

La dinámica debe seguirse hasta el final. La seguridad afectiva aportada por sus contactos repetidos no tiene ningún límite en el tiempo. Tome su tiempo con el trabajo de cadera, con el centrado. Siga proponiéndole al bebé que se acomode, que esté en el centro de su útero y de su pelvis mayor. Guíelo hacia abajo. Trabaje el lazo con su pareja para tolerar mejor la molestia de sus contracciones, revise sus posiciones sobre el trabajo de parto y el nacimiento.

…y durante el parto

Gracias a las maniobras precisas aprendidas durante las sesiones, el padre ayuda a la madre a reencontrar ese estado de serenidad que ella aprendió durante el curso. Algunas mujeres se reintegran fácilmente al contacto haptonómico a la hora del parto. Pero, para la mayoría, la intensidad de la fuerza de las contracciones son tales que la pareja juega entonces un papel primordial, de ahí la importancia de su presencia durante las sesiones de preparación.

EL YOGA: APRENDER A RELAJARSE

Según el doctor Frédérik Leboyer, quien ha contribuido en gran parte a popularizar su práctica en el marco del embarazo, el yoga no se reduce a una simple gimnasia, ni tampoco a un deporte o a una terapéutica. Es una filosofía, una "vía" que desarrolla el conocimiento de una misma. Por lo tanto, no se trata de convertirlas a todas en yoguis o de lanzarlas a posturas complicadas.

Un equilibro corporal y psíquico

El yoga asocia un trabajo de concentración y posturas físicas, con el fin de reencontrar, o de mantener, un buen estado de equilibrio corporal y psíquico. Permite la unión de lo físico y de lo mental, que es el estado mismo del embarazo, y ayuda a dominar el estrés mediante la respiración, a mejorar la circulación, el tránsito, la oxigenación del bebé. También es benéfico para el periné, porque lo prepara para el parto.

No hay un modelo ya hecho

No se concibe el yoga sin un aprendizaje de la relajación, que conduce a hacer conciencia de su cuerpo, de su respiración y de sensaciones diversas como el calor o la pesadez. De hecho, el yoga es ante todo una búsqueda personal, y usted debe siempre adaptar sus posiciones en función de su bienestar.

Esto último les ayuda, realmente, si no a olvidarse del dolor, por lo menos a concentrarse en el hijo.

Si la pareja así lo desea, durante el parto, padre y madre pueden estar uno en brazos del otro, por el tiempo que quieran.

Los ejercicios propuestos no son nunca modelos ya establecidos que deben reproducirse tal cual. Toca a usted modificarlos a fin de sentirlos realmente.

¿Qué hacer durante el último mes?

Las últimas sesiones están consagradas a las posiciones útiles durante las contracciones y al trabajo de pujar, que se hace durante la exhalación; es un método algo violento para el bebé y para el periné materno.

Usted puede repetir los ejercicios en casa, cada día, durante 15 a 20 minutos. Durante este último mes, la práctica del yoga le ayudará a proseguir su búsqueda personal. Adapte sus ejercicios a sus emociones y a su estado físico (dolores lumbares, trabajo de la pelvis…), y trabaje en particular con las posturas que involucran los músculos que se emplearán a fondo durante el parto, es decir, el periné.

El equilibrio que resulte también prepara desde ahora la recuperación posnatal.

LA SOFROLOGÍA: REPOSO Y CONFIANZA

Este método favorece la relajación utilizando las técnicas de hipnosis o de autohipnosis inspiradas en el yoga. Exige un compromiso personal muy importante. De hecho, si usted desea sacarle provecho a este método durante el parto, debe prepararse durante 20 minutos cada día con ayuda de las indicaciones de la partera grabadas en un casete o CD.

En el umbral del sueño

De pie, sentada o acostada, usted se deja guiar por la voz suave, apacible y monocorde del sofrólogo, y entra en un estado de conciencia a medio camino entre el sueño y la vigilia. Un estado cercano al que encuentra cada día, justo antes de quedarse dormida, y en los primeros minutos del despertar. Usted aprende a apoyarse en su respiración para relajarse y liberar todas sus

tensiones. Utilice esta práctica cada día porque el tiempo de espera y la inminencia del parto pueden hacer reaparecer las tensiones. Repita las sesiones de visualización del parto y contemple este suceso de manera positiva.

¿Qué hacer durante el último mes y después?

Puesto que, a menudo, su sueño se ve perturbado al acercarse el término, una media hora de este ejercicio en estado de medio sueño consciente permite recuperar en promedio dos horas de sueño. El día del parto, usted podrá recurrir a esta técnica para reencontrar una respiración calmada y lenta y crear así un clima de equilibrio propicio al buen desarrollo del parto. Después del nacimiento, cuando las noches se ven interrumpidas por las tetadas, también será de gran ayuda…

La repetición antes del gran día

En función de la preparación que usted haya elegido, aproveche este último mes para perfeccionar lo que ha logrado usted durante estas sesiones.

Ponga atención especial en sus posturas en las situaciones del diario; aplíquese a centrar su pelvis sin importar la posición en que esté. Movilícela.

Utilice las herramientas de relajación aprendidas para una mejor espera y permita que el tiempo de la naturaleza haga su trabajo… Evite estar al acecho de los signos del trabajo de parto.

Practique su respiración con cada contracción al final del embarazo de manera que pueda probar su dificultad y su beneficio.

No tenga temor del parto que viene porque usted no va a encontrarse con nada que no pueda resolver. Fortalezca la serenidad y la confianza en sí misma, y no olvide que al final está la explosión de alegría del encuentro con su recién nacido.

Las preguntas que se hace usted

"Tengo prisa por ver nacer a mi bebé, pero tengo miedo del parto y sobre todo de sentirme mal."

Son excepcionales las mujeres embarazadas por primera vez que no sienten temor ante el parto. De hecho, es perfectamente normal temer lo que una no conoce.

Prepárese físicamente. Practique bien la respiración y los ejercicios de tonificación, siguiendo los consejos dados durante los cursos de preparación para el parto.

El dolor del parto es un dolor de esfuerzo. Por lo tanto, será progresivo a lo largo del parto, en función de la intensidad uterina. Acepte y acompañe a la contracción para que no sea una agresión. Pero, para ello, evite asociarla con cualquier forma de resistencia (corporal, emocional o psicológica). Usted sólo podrá recibir esta contracción y el dolor que la acompaña si tiene confianza en sí misma, si está bien segura afectivamente y si adopta con libertad las posiciones que le dan alivio.

No olvide que la duración del dolor está limitada al tiempo de la contracción. Y, si ésta se repite, siempre va seguida de un tiempo de relajación. Para un primer hijo, el parto dura en promedio de 12 a 14 horas y, para la mayoría de las mujeres, sólo algunas de esas horas son muy difíciles de soportar. Por último, a diferencia de otros tipos de dolores, su objetivo es positivo. Las contracciones provocan poco a poco el adelgazamiento y la abertura del cuello, y cada contracción la acerca al nacimiento de su hijo. Por otra parte, no se culpe si pierde de vista este objetivo y sólo tiene una idea en la cabeza: que aquello cese. La mayoría de las mujeres experimentan esto, en un momento u otro. La tolerancia al dolor no tiene nada que ver con el amor maternal.

No anticipe afrontar esto sola. Es reconfortante saber que su compañero (o alguien cercano) estará ahí para limpiarle la frente, refrescarla, masajearle la espalda o el cuello, guiarla durante las contracciones o, simplemente, estar cerca de usted. Lo ideal es que asista con usted a los cursos de preparación para el parto.

No dude en pedir una peridural. No es un signo de debilidad ni de fracaso. Dar a luz en el dolor ya no es una fatalidad. Atrévase a elegir con precisión el momento más conveniente, ya que sólo usted puede saber de que manera vivirá esas sensaciones.

¿Dar a luz en el agua…?

Si el parto en el agua, propiamente dicho, es poco común, forma parte de las recomendaciones de buenas prácticas en ciertos países. De hecho, el agua es un excelente vector de relajación, usted se siente más ligera y se facilita su movilidad. Usted puede darse un baño caliente y prolongado y salir sólo para la fase de expulsión. Es posible alquilar "tinas piscinas" concebidas para el trabajo de parto y que pueden instalarse en casa.

"Esta tarde, casi no sentí moverse a mi bebé. ¿Debe inquietarme esto?"

Al paso de las últimas semanas, para el bebé es más y más difícil moverse porque está encerrado. Le cuesta moverse y voltearse. Por otra parte, si usted no lo ha sentido, ¿acaso se debe a que dormía? (igual que el recién nacido, el feto tiene periodos de sueño profundo). También es posible que usted haya estado demasiado ocupada para notar el menor de sus movimientos. Al paso del tiempo usted podrá contarlos, a fin de verificar su actividad. Esto probablemente la tranquilizará. Con todo, es aconsejable observar sus movimientos dos veces por día. Si usted nota diez movimientos o más, su actividad es normal. Si no, lo mejor es ir a consulta en urgencias del hospital para que el ginecoobstetra determine el origen de esta situación. Posiblemente todo está perfectamente normal en esta fase, pero en ocasiones es la señal de una baja de la vitalidad fetal. En este caso, si se interviene rápidamente, esto permite prevenir consecuencias serias.

"Tengo mucho miedo de que se me rompa la fuente en público."

¡Usted no es la única! La idea de que se rompa la fuente en un autobús o en un gran almacén atestado es un temor de la mayoría de las mujeres embarazadas.

Antes de inquietarse, tenga presentes dos cosas. Primero, esto ocurre en menos del 15% de los embarazos. Después, en caso de ruptura de la fuente, el escurrimiento del líquido rara vez es importante, la mayoría de las veces se trata de una fisura de la fuente.

Por otra parte, cuando usted camina o cuando está sentada, la cabeza del bebé bloquea la abertura del útero a la manera de un tapón. Por lo tanto esta ruptura de fuente nunca da lugar a una gran cantidad de líquido amniótico, además de que no hay ninguna contracción presente que empuje el líquido al exterior. Es sólo un chorrito, constante o intermitente.

Por último, aunque a usted se le rompa la fuente de manera muy visible, es poco probable que se ofusquen las personas a su alrededor. Le ofrecerán ayuda. ¡No olvide que su embarazo está a la vista de todos! En caso de duda, si usted observa que tiene pérdidas, orine y después colóquese una protección bastante gruesa y verifique después de cierto tiempo si está húmeda. Si éste es el caso, entonces sí hay una fisura en la fuente.

"Me cuesta trabajo sentarme detrás del volante. ¿Aún puedo conducir?"

Mientras pueda usted ocupar el asiento del conductor, y mientras sus pies se apoyen bien sobre los pedales, usted tiene derecho de estar al volante. Si su posición le parece buena, nada le impide conducir distancias pequeñas. En cambio, queda prohibido si en ocasiones siente vértigos u otros síntomas que harían peligroso conducir. Con todo, en este estado del embarazo, no son aconsejables los trayectos largos, de más de 1 hora. Si necesita absolutamente viajar durante largo tiempo, cambie a menudo de posición sobre el asiento y deténgase cada hora o cada 2 horas para levantarse y caminar. Haga igualmente ejercicios de relajación y de estiramiento de la nuca. Si el trabajo de parto ha comenzado, no intente en ningún caso viajar sola en auto al hospital, y nunca olvide colocarse el cinturón de seguridad.

¿Seno o biberón?

Algunas mujeres eligen dar pecho aun antes de tener hijos. Otras, que ni lo soñaban antes del embarazo, optan por amamantar en cuanto conocen sus bondades. Otras más permanecen indecisas hasta el nacimiento. Por último, algunas se convencen de que amamantar no se hizo para ellas. Ventajas comparadas del seno y del biberón.

AMAMANTAR: UN IDEAL

Cuando nada se opone, amamantar sigue siendo lo mejor que usted puede hacer por su pequeñín. El calostro y, después, la leche materna proporcionan todo lo que necesita su bebé.

Los beneficios para el niño

● **Lucha contra las infecciones y las alergias.** Estudios han demostrado que los niños amamantados presentaban tasas de infecciones menos elevadas que los bebés alimentados con biberón. De hecho, la leche materna contiene anticuerpos (inmunoglobulinas) que protegen al niño mientras éste produce por sí mismo sus defensas inmunológicas. Reduce los riesgos de enfermedades gastrointestinales (diarrea) y respiratorias (asma), y también de otitis y de rinofaringitis. Además, la leche materna está adaptada a la inmadurez de los intestinos del bebé, mientras que la leche de vaca (base de leches artificiales) exige esfuerzos particulares a los órganos del bebé para ser asimilada. Por otra parte, algunos de sus componentes estimulan el desarrollo del sistema inmunológico del niño, lo que le permite evitar reacciones alérgicas.

● **Muy digerible.** La leche materna es perfectamente digerible: se adapta a las necesidades del bebé, sea que haya nacido a término o prematuramente, durante todo el periodo de la lactancia.

● **Sana.** Usted sabe que su leche no está ni mal preparada, ni contaminada (esto es cierto en la medida en que usted misma no tiene una enfermedad que sea una contraindicación a la lactancia). Y tampoco hay riesgo de que se agrie.

Las ventajas para la madre

● **Práctica.** La lactancia no exige ninguna organización ni equipo particular. El seno está permanentemente disponible y la leche, siempre a buena temperatura. En la actualidad, dar pecho en público ya tiene mejor aceptación: usted puede salir con las manos vacías, ¡sin tener que calcular las horas de las tetadas!

● **Económica.** No hacen falta biberones, ni chupones, ni latas de leche, ni botellas de agua.

● **Reponerse del parto.** La retracción del útero se ve facilitada por las contracciones uterinas —en ocasiones, dolorosas, sobre todo a partir del segundo parto— que aumentan bajo el efecto de las hormonas (oxitocina) que intervienen en la lactancia.

● **Retorno de la regla (menstruación).** La lactancia suspende —en cierta medida— el proceso de ovulación, así como las reglas. Sin embargo, cuidado, no hay que confiar en esto para la anticoncepción. Atrasará sólo algunos meses el regreso de sus reglas, a condición de que alimente a su bebé únicamente con el pecho.

● **Proximidad con el niño.** En el hecho de darse tiempo con él, se entiende al niño y sus llantos, y se le da confianza. A esto la lleva obligatoriamente la lactancia, porque su bebé siempre tiene que estar con usted si sale. Esto no impide el acercamiento del padre en los momentos que no sean de alimentación.

● **Reducción de los riesgos de cáncer.** Cierto número de referencias han mostrado que las mujeres que estaban jóvenes cuando tuvieron hijos y que los habían amamantado estaban menos expuestas al riesgo de cáncer del seno.

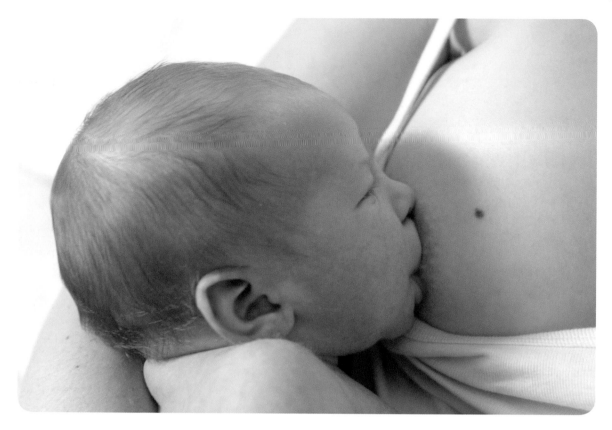

Desafortunadamente, esto no ocurre cuando un factor genético predispone al cáncer de seno.

LOS PUNTOS BUENOS DEL BIBERÓN

Para todas aquellas que no quieren o no pueden amamantar, el biberón presenta ventajas seguras.

● **Menos fatiga.** El biberón es menos "agotador" que la tetada y permite darle un ritmo diferente al día, al pasarle el relevo a su pareja, por ejemplo.

● **Una responsabilidad compartida.** El biberón permite a los padres tomar parte en la alimentación de su hijo, desde el principio. Sin embargo, no deben limitar sus momentos de intercambio a este tiempo de alimentación. Por igual, los miembros de la familia pueden aprovechar el biberón para conocer a su hijo. Sin embargo, no permita que cualquier persona le dé de comer.

● **Una vida de pareja quizá más fácil.** El biberón es menos aguafiestas en la vida sexual de la pareja (salvo cuando el bebé se despierta a deshoras para alimentarse). El dar pecho, en cambio, constituye en ocasiones un elemento perturbador. Las hormonas responsables de la lactancia provocan a menudo la persistencia de la resequedad vaginal observada después de un parto (que los lubricantes pueden atenuar). La expulsión de leche durante el acto sexual también provoca rechazo a ciertas parejas.

● **No hay limitantes alimenticias.** El biberón no le impone ninguna alimentación particular a la madre. Al contrario de la lactancia, si come especias o no, el que coma col agria, que beba mucha o poca leche, o un vaso de vino de vez en cuando, poco importa para el bebé.

● **Mayor libertad.** El biberón le permite a la madre tener un uso del tiempo más independiente del de los tiempos del niño. Usted puede ausentarse para hacer algunas compras o para pensar por su cuenta, ya que su pareja puede tomar el relevo.

Las contracciones

Durante los últimos meses de su embarazo, alguna vez sintió contracciones de su útero, en principio indoloras. El día del parto, se volverán dolorosas y se intensificarán durante el trabajo. Hay que reconocerlas para poder decidir la salida hacia el hospital.

La contracciones del embarazo

Si algunas mujeres no descubren las contracciones hasta el día del parto, otras las sienten desde antes y se inquietan.

Las contracciones durante el embarazo son normales siempre y cuando su número no rebase la decena por día, si son indoloras y de amplitud débil.

En cambio, si son frecuentes y dolorosas, consulte a su médico o a su partera.

Los contracciones de parto

Al acercarse el gran día, a menudo las contracciones se dan durante varios días seguidos para preparar el cuello uterino. Cuando estas primeras contracciones ceden su lugar a otras, más fuertes, más dolorosas y más frecuentes, usted se pregunta si el momento ha llegado. Es probable, en el caso de las siguientes situaciones:
● Las contracciones van a intensificarse, en vez de calmarse. Cada nueva contracción no es forzosamente más dolorosa que la precedente (dura generalmente de 30 a 70 segundos), pero esto va aumentando poco a poco cuando el trabajo progresa. Y, si la duración de la contracción no cambia, su frecuencia no es constante, pero va agudizándose.
● Las contracciones tienden a volverse más regulares.
● Los dolores provocados por las contracciones en ocasiones evocan un problema intestinal semejante a la diarrea, pero siempre van acompañadas de un endurecimiento del vientre en su totalidad, como si el útero estuviera apretado.
● Las primeras contracciones de trabajo antes del parto pueden ser similares a los dolores sentidos durante las reglas.
● Pierde usted el tapón mucoso, que se presenta como pérdidas vaginales, viscosas, más o menos teñidas de sangre.

¡A sus cronómetros!

Cuando el trabajo de parto dé comienzo, mida el tiempo entre una contracción y otra, en un periodo de 30 minutos o un periodo más largo si son espaciadas.

Sin embargo, es inútil tener los ojos clavados sobre el reloj. Piense también en anotar la hora en que comenzaron las contracciones y su frecuencia, para informar al obstetra cuando llegue usted a la maternidad.

¿Para qué sirve una contracción?

La contracción uterina provoca un acortamiento de la fibra muscular. Con cada contracción, el cuello del útero es traccionado. Imagine un cuello enrollado que, jalado hacia abajo, se transformaría en un cuello raso, y usted tendrá una idea del

Los bomberos, solamente como último recurso

No llame a los bomberos salvo en caso de extrema necesidad: si está sola, o si no anticipó el inicio del trabajo y si las contracciones se intensifican y se vuelven regulares. En realidad, los bomberos no son taxis y su papel, sobre todo, es el de intervenir en urgencias vitales. Tome en cuenta que, en caso de intervenir, no la llevarán necesariamente a la maternidad que haya escogido, sino al hospital más cercano.

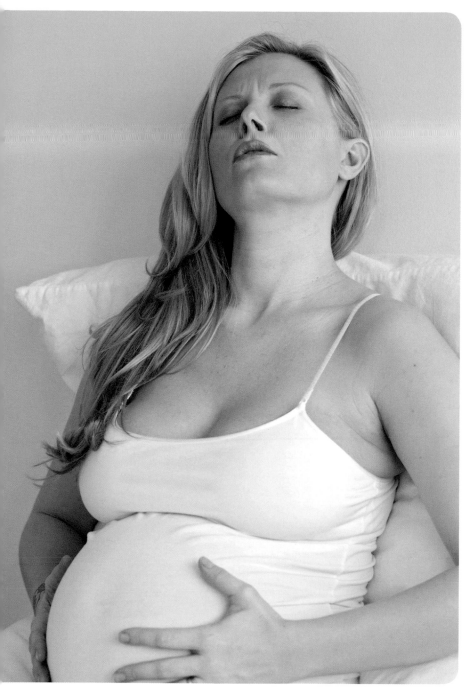

hará salir de su cuerpo. Mientras más atenta esté usted al papel que juega, menos se focalizará sobre el dolor, al punto de llegar a superarlo. Uno de los objetivos de la preparación clásica es el de ayudarla a asociar las contracciones, ya no con la idea de sufrimiento, sino con la de eficacia.

Evolución del trabajo de parto

La curva de dilatación del cuello presenta tres fases.

La primera es una fase de latencia, es la más larga, la dilatación alcanza de 2 a 3 cm. Le sigue la fase activa del trabajo de parto, que es más rápida para llegar a una dilatación comprendida entre 4 y 8 cm.

La última fase, llamada de "descanso", se sitúa más allá de 8 cm y precede a la fase de expulsión; se le denomina así porque el trabajo se frena de nueva cuenta. Conlleva una dilatación del cuello de 8 a 10 cm, y el descenso del bebé a la pelvis.

movimiento del cuello durante la primera parte del parto: se borra. Después se abre, se dilata completamente, y el niño, bajo la presión de la contracción, se ve empujado al exterior. La contracción uterina es indispensable para el nacimiento espontáneo de su bebé, pues ella lo

Una vez bien instalado el trabajo, las contracciones, con no más de 2 a 3 minutos de espacio entre ellas, son extremadamente fuertes y duran de 60 a 90 segundos. Más intensas en las multíparas, parecen no acabar jamás.

Salida hacia el hospital

No espere al último momento para preparar su maleta. Es muy posible que dé a luz antes de la fecha prevista. He aquí, en lo esencial, lo que necesitará usted el día del parto y durante su estancia en la maternidad.

"GRAN DÍA"

Para usted

Considere tener a la mano una maleta separada para el día del parto en la que meterá una playera grande o un camisón amplio (debe sentirse completamente a gusto), algo con que recoger su cabello si es largo, un atomizador para refrescarse y una botella de agua.

Puede llevar algún aparato para escuchar discretamente música o la radio.

Para el bebé

Lleve usted pequeñas toallas de baño, para envolverlo cuando nazca y poder tenerlo a su lado, secándolo (sale todo mojado y de ninguna manera debe resfriarse), un mameluco, pijama, una camiseta (más o menos caliente, según la estación) y un gorro de algodón o de lana. Dé preferencia a materiales naturales y, si es posible, lleve a la vez ropas de recién nacido y otras para un mes de edad.

En cuanto al futuro padre, debe pensar en no cubrirse demasiado: ¡hace calor en las salas de parto! Comprar algo para saciar la sed y algo para mordisquear.

PARA LA HOSPITALIZACIÓN

Para usted

Prevéngase con playeras grandes o camisones de noche (que se abran ampliamente por delante si va a amamantar), una bata, una bata para dormir o un chaleco largo, y pantuflas. Lleve

también sostenes para amamantar (protectores de lactancia) así como fondos, de preferencia desechables (para los primeros días después del nacimiento).

En cuanto a higiene y cuidados, le harán falta toallas, toallas higiénicas "especiales para maternidad". Lleve su estuche de baño habitual agregando toallitas húmedas, un cojín (en caso de episiotomía), una secadora de cabello y pañuelos.

Piense también en preparar en casa lo que le gustaría que su pareja le llevara a manera de prendas de vestir para el día de su salida (piense en prendas amplias, ¡porque aún no habrá recuperado su talla habitual!).

Para el bebé

Prevéngase con un mameluco y una pijama (o una batita) por día; agregue a su lista dos o tres camisetas o pequeños chalecos de lana, dos pares de calzado o de calcetines, un gorro de algodón o de lana fina, algunos baberos y una muda de ropa de calle.

Piense en tener dos juegos de ropa de cuna (a menudo los hospitales solamente proporcionan

No olvidar

● El asiento para auto del bebé. En Francia, la mayoría de las maternidades no permiten que salga el bebé si no está asegurado en un asiento que cumpla con las normas en vigor.

●¡Piense en los documentos oficiales! Cuando salga de su casa, no olvide la cartilla familiar, el carné de maternidad, la cartilla médica y la carta de su aseguradora.

• Una almohada de su casa para estar más a gusto durante y después del parto.

• Un pareo y unos zapatos que le resulten fáciles de calzar por si acaso le dan ganas de caminar durante el trabajo de parto y usted ya se cambió.

• Antojos (frutas secas, barras de cereales…) para su pareja, a fin de que pueda permanecer al lado de ustedes, y para usted, si tiene necesidad de calmar un poco el hambre entre dos comidas o cuando amamante a mitad de la noche.

• Calcetines, por si siente frío en los pies.

• Una cámara fotográfica para fotografiar a su recién nacido desde todos los ángulos cuando el papá no esté ahí para hacerlo.

• Su directorio telefónico o su teléfono portátil para comunicarse con quien quiera.

las cobijas) y toallas limpiadoras o para después del baño.

No olvide su estuche de baño (crema para limpiar, aceite de almendra dulce, jabón líquido, cepillo), al que hay que agregar productos para los cuidados: suero fisiológico, cloruro de benzalconio y un termómetro. A menudo, las maternidades expiden con anterioridad una lista que detalla lo que proporcionan y lo que no.

LAS PEQUEÑAS COSAS QUE LE SERÁN AGRADABLES O ÚTILES

• Lleve consigo un lápiz y un cuaderno de apuntes para anotar sus preguntas y las respuestas sobre su salud y la de su bebé, o que le sirva para recordatorios.

• Su reproductor MP3 con sus piezas favoritas, si la música la relaja.

• Lociones, aceites y productos que le gustan para un masaje. Una pelota de tenis (u otra) para aliviar la parte baja de su espalda si le causa molestias.

LOS HERMANOS MAYORES

Si usted ya tiene un niño, trate de no mantenerlo demasiado apartado del acontecimiento que se está dando. Por ejemplo, mandarlo con su abuela mientras usted da a luz, para que regrese una vez que toda la familia está nuevamente reunida en casa, podría crearle el sentimiento de haber sido excluido. Toca al mayor recibir al segundo y no al contrario. También puede resultar juicioso anticipar un pequeño regalo para él. De hecho, su hermanita o su hermanito va a ser objeto de todas las atenciones, y hay que cuidar que no se sienta abandonado. Podría ofrecerle al niño —a partir de los 2 o 3 años— una carriola con una muñeca: en ella "canalizará" sus emociones y tendrá el sentimiento de participar auténticamente en la "historia" de este nacimiento.

Las preguntas que se hace usted

"¿Qué es el tapón mucoso?"

Durante el embarazo, las secreciones del cuello del útero se acumulan y terminan por formar un tapón que obtura el orificio del cuello. Al acercarse el término, este tapón se expulsa por sí solo bajo forma de flemas, de pérdidas vaginales espesas, pegajosas y generalmente de color café.
La expulsión del tapón mucoso es un fenómeno perfectamente normal, pero constituye una causa frecuente de inquietud y de consulta de las futuras madres. De hecho, no requiere de ninguna atención particular y no significa necesariamente que se acerca el parto, ya que el tapón puede ser expulsado hasta un mes antes del nacimiento.

"¿Puede una comer mientras tiene contracciones?"

Si usted siente hambre cuando sus contracciones se intensifican y anuncian el pretrabajo (ver pp. 46-47), puede comer un tentempié (tartita, manzana, banana…). Pero no coma demasiado y evite los alimentos difíciles de digerir (carne y alimentos ricos en grasas). Su organismo trabajará a todo lo largo del parto, y la digestión es un proceso que lo moviliza. Por otra parte, si debe practicarse de urgencia una cesárea, más vale no comer demasiado en las horas que la preceden. Evite los alimentos ácidos, como el jugo de naranja.

"Tengo miedo de no saber exactamente cuándo acudir al hospital. ¿Qué podría ocurrir en el caso de una falsa alarma?"

No parta del principio de que, si no está usted segura, no se trata del "auténtico" trabajo. Ante todo, prudencia. Preséntese al hospital a cualquier hora del día o de la noche si le parece que está a punto de dar a luz, sin sentir culpabilidad o tener la impresión de causar molestias. No lo olvide: las maternidades trabajan 24 horas sobre 24. Nadie se burlará de usted. Su partera o su obstetra probablemente le habrá dicho que usted debe presentarse en cuanto las contracciones alcancen cierta frecuencia (cada 5, 8 o 10 minutos). Sin embargo, muchas otras sensaciones harán que usted no tenga dudas. Escúchese a sí misma. Lo que los obstetras le indican es el estado de su trabajo, pero es usted quien tiene el diagnóstico más preciso.
En caso de falsa alarma, después de que la hayan examinado y tranquilizado, simplemente regresará a casa.

"Se me acaba de romper la fuente, pero no siento ninguna contracción. ¿Qué debo hacer?"

La mayoría de las mujeres en quienes la ruptura de la fuente se produce antes de que comience el trabajo sienten las primeras contracciones después de 12 a 24 horas. Por lo tanto, usted puede esperar que el trabajo comience poco después.

Para una mujer de cada 10, el trabajo de parto comienza más tarde. Pero, mientras más tiempo va transcurriendo, aumenta el riesgo de infecciones para el bebé y para la madre. Es por eso que los obstetras deciden provocar el parto entre las 24 y 48 horas que siguen a la ruptura de la fuente en las mujeres llegadas a término o cercanas al término. Si las condiciones son favorables, el trabajo de parto puede provocarse sin esperar. Si éste es inmediato, no será necesario administrar antibióticos.

Acuda al hospital en cuanto se le haya roto la fuente. Evite moverse demasiado. Colóquese una toalla higiénica (por ningún motivo use un tampón). Por otra parte, no introduzca sus dedos en la vagina para ver en qué estado está el trabajo y, si va usted al baño, límpiese yendo de la vagina hacia el ano. Aunque el hecho sea raro, cuando la fuente se rompe brutalmente y el bebé aún no está posicionado en la pelvis (ya sea porque viene en posición sentado o porque se trata de un bebé prematuro), puede ocurrir que el cordón umbilical descienda al cuello del útero, o a la vagina. Si usted ve que el cordón umbilical sale de la vagina o si siente usted algo anormal en su interior, llame inmediatamente al servicio de urgencia para acudir al hospital en posición acostada.

El líquido amniótico que fluye debe ser claro como el agua. Si éste no es el caso, acuda de inmediato al hospital.

"Tengo miedo de dar a luz antes de llegar al hospital."

Afortunadamente, los partos que ocurren sobre el asiento de un automóvil o a domicilio son excepcionales. En realidad, varios signos anuncian la inminente llegada al mundo del bebé. Pero, una vez más, aun cuando es algo extremadamente raro, puede ocurrir que una mujer haya sentido poco o haya soportado muy bien sus contracciones y sienta repentinamente la necesidad urgente de pujar como si tuviera muy fuertes ganas de ir al baño.

Como siempre, ¡más vale prevenir que curar! Por eso les aconsejamos vivamente —a usted y a su pareja— que estén listos para actuar si su bebé llega antes de lo previsto. En todos los casos, tenga a la mano los números de urgencias. Mientras espera a que llegue ayuda, trate de conservar la calma. Usted puede llegar al hospital. Controle su respiración y jadee para tratar de evitar pujar… Y relájese: ¡hay poco riesgo de que esto ocurra!

Acudir al hospital

Según la distancia por recorrer y su manera de vivir sus contracciones, hay posibles diferentes medios de transporte. Usted puede acudir al hospital a pie, caminando tranquilamente, haciendo altos durante las contracciones. También, puede pedir que la lleven en auto su pareja o sus amigos. De día, no dude en tomar algún transporte público. Si ninguna de estas situaciones parece viable, llame a una ambulancia, pero resérvese hasta el final la llamada a urgencias.

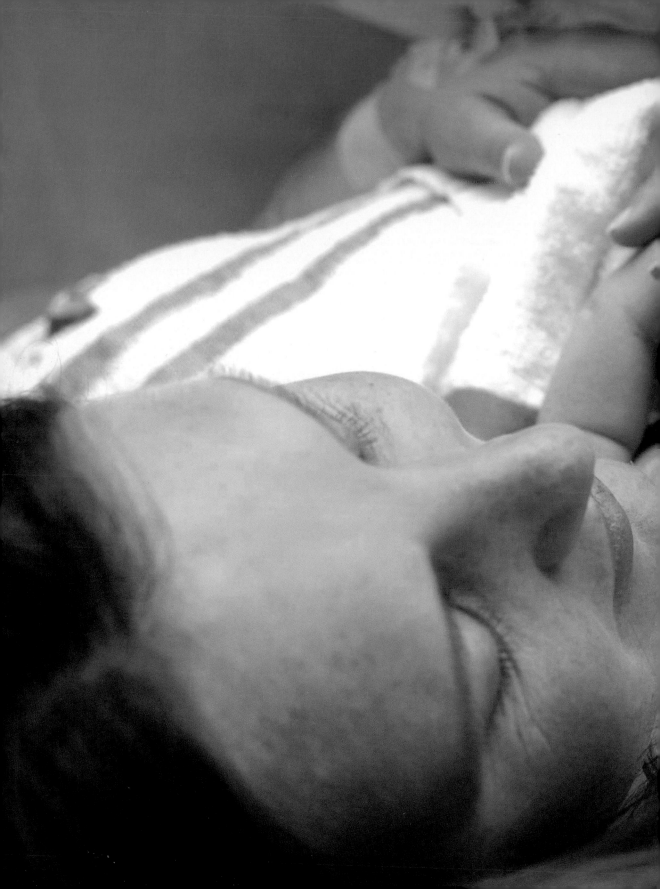

el parto

La recepción en el hospital

En cuanto llega usted a la maternidad, el obstetra la recibe. La examina y decide entonces, con usted, la conducta a seguir en función del estado del trabajo de parto: si el trabajo aún no ha comenzado, es posible que le proponga a usted volver a casa, y si el cuello ha comenzado a dilatarse, que se quede usted en el hospital.

¿QUÉ OCURRE?

Gracias a su expediente, el ginecoobstetra ya conoce sus antecedentes y el historial médico de su embarazo. Sin embargo, no sabe nada de lo que usted quiere ahora ni de lo que está usted sintiendo, así que no dude en hablarle con franqueza para crear un lazo de confianza.

Su estado

Por su parte, el ginecoobstetra comenzará a hacerle algunas preguntas:

● ¿Cómo son sus contracciones?
● ¿Cuándo comenzaron?
● ¿Ha tenido usted pérdida de líquido amniótico o de sangre?
● ¿Siente que se mueve su bebé?

Después, la examina y luego le coloca un monitor (ver p. 61). Transductores conectados a un aparato registrador miden sus contracciones y el ritmo cardiaco de su bebé. En función de estos primeros análisis y de la manera en que quiere usted vivir el trabajo de parto, usted puede quedar bajo monitoreo de manera intermitente. Si es necesaria una supervisión más cercana o si usted desea estar bajo peridural, el monitoreo será permanente. En la mayoría de los casos, nada la obliga a permanecer acostada. Usted no pasará a la sala de parto hasta que el trabajo de parto esté en fase activa.

El primer examen médico

El ginecoobstetra va a poner especial atención en su presión arterial, por su peso y por su temperatura. Él indicará un análisis de orina para medir los niveles de azúcar y de albúmina (proteína que sirve para transportar numerosas sustancias en la sangre y que normalmente es filtrada por los riñones). Igualmente puede proceder a realizar un examen vaginal y una toma de sangre (un chequeo, especialmente para determinar la coagulación debido a la peridural), si es que estos exámenes aún no se han hecho.

Sobre todo, evalúa el estado del trabajo de parto mediante una exploración vaginal, midiendo el avance de la dilatación de su cuello uterino. Esto da una indicación precisa del trabajo de parto realizado, pero no puede definir con certeza el tiempo que falta. De hecho, mediante esta exploración el obstetra obtiene dos informaciones esenciales: la posición de la presentación del feto (grado de apoyo de la cabeza o de las nalgas del feto sobre la pelvis) y el estado de su cuello uterino (largo, tono, abertura, posición). Asociada a la palpación abdominal, esta exploración le permite confirmar que el bebé se presenta como está previsto, por la cabeza sentado.

Las situaciones posibles

● Usted puede tener numerosas contracciones, bien regulares y en ocasiones dolorosas, pero sin que haya comenzado ninguna dilatación del cuello y sin que se le haya roto la fuente.

● Posiblemente está usted en el preciso inicio del trabajo de parto o en sus primicias. Confíe usted en sus sensaciones. Relájese, el tiempo hará lo suyo. También es posible que usted esté en un falso trabajo de parto. Muy a menudo, este "falso" trabajo de parto se detiene por sí solo para dar lugar al "verdadero" trabajo de parto varias horas o varios días después. En ambos casos, el obstetra le propondrá entonces volver a casa o le aconsejará permanecer en el hospital una o dos horas para ver cómo evoluciona la situación.

● Si la dilatación realmente ha comenzado o si la fuente se ha roto o tiene una fisura, usted quedará bajo supervisión en el hospital.

● CONTRACCIONES "EFICACES" O NO

Cuando usted siente contracciones, lo esencial es saber si van acompañadas o no de una dilatación del útero. Esto es lo que define el examen médico. Si hay que esperar en el hospital, el equipo que la atiende pasará con regularidad a ver cómo se siente.

Si las contracciones no son "eficaces"

Usted pasará cierto tiempo en una sala de "preparto" o en una habitación. No permanezca usted en una espera pasiva; esté consciente de lo que ocurre, relajada y confiada. Ubique este inicio de trabajo de parto en el tiempo de la vida: camine si siente ganas de hacerlo, repose si es lo que prefiere. Pero no se impaciente, no luche. Las contracciones acaban acentuándose y comienzan realmente a jugar su papel de motor.

Está usted en pleno inicio de trabajo de parto

La dilatación del cuello uterino ha comenzado. En general, tiene usted posibilidad de llegar a término en una habitación. Usted podrá adoptar las posiciones que le convengan y le den mayor alivio (ver p. 61). Si dispone de una tina, puede meterse en ella un buen rato para relajarse en el agua tibia, pero asegúrese de mantener recta su espalda y de no encorvarse. Por último, quizá sea posible que usted camine incluso al exterior, a menos que se le haya roto la fuente. Por precaución, se le pedirá no comer, previendo una posible anestesia. Pero puede seguir bebiendo. Un cuerpo bien hidratado soporta mejor el esfuerzo.

● SI A USTED YA SE LE ROMPIÓ LA FUENTE

Si la ruptura de la fuente se da algunas horas después del inicio de las contracciones, a menudo el trabajo está bien avanzado: la llevarán entonces a la sala de expulsión. Si las contracciones uterinas no preceden a la ruptura de la fuente pero se declaran con bastante rapidez después, esto significa que el trabajo ha comenzado; será supervisado por el obstetra en función de lo que usted quiera, si todo se presenta bien. Pero si usted no siente ninguna contracción, no por ello saldrá del hospital. Si el parto no ha comenzado 12 horas después de su llegada, siendo que el bebé ya no está protegido de posibles gérmenes por la fuente, el equipo médico le dará antibióticos. Vigilará también con gran regularidad su temperatura y el color del líquido amniótico, que puede ser un indicador de la salud del bebé. Al cabo de cierto tiempo (12 a 48 horas según el hospital), el trabajo será provocado.

¿Cuál hospital y por qué?

Probablemente, usted ya está registrada en un hospital desde hace tiempo. Para hacer su elección, seguramente tomó usted en cuenta los criterios siguientes: la cercanía a su domicilio, el equipo médico, la duración de la estancia y la preparación para el parto. Pequeño recordatorio para aquellas que aún no hayan tomado la decisión.

Clases de hospitales según los cuidados pediátricos que proporcionan

Los hospitales se clasifican en tres niveles de atención:

● **Los hospitales de nivel I** ofrecen servicios para alumbramientos sencillos, sin complicaciones previsibles al nacimiento.
Estos servicios no reciben a recién nacidos prematuros.

● **Los hospitales de nivel II** disponen de una unidad de neonatología; están destinados a los embarazos de riesgo, incluyendo los embarazos múltiples.

● **Los hospitales de nivel III**, por su parte, están dotados de una unidad de reanimación neonatal para los recién nacidos que presentan enfermedades graves, relacionados a menudo con nacimientos muy prematuros (de 5 meses y medio a 7 meses). Reciben los embarazos llamados "de alto riesgo", que pueden llevar a que el bebé nazca más temprano o en los que haya un riesgo de repercusión fetal o neonatal. Por último, disponen también de "unidades Canguro" cuyo objetivo es evitar la separación de los padres y del niño de pecho cuando éste debe permanecer hospitalizado.

¿CÓMO DECIDIRSE?

Si usted aún no se ha decidido, el primer elemento que debe tener en cuenta para la elección de un hospital es el desarrollo médico de su embarazo. Si todo marcha bien, si usted no espera gemelos o trillizos, entonces puede dar a luz en el seno de un hospital público o privado de nivel I o II.

En el caso contrario, su partera o su obstetra la orientarán y le indicarán el establecimiento que, desde el punto de vista médico, podrá recibirla óptimamente y garantizar que su recién nacido recibirá con prontitud todos los cuidados necesarios, aun en caso de un problema.

Una transferencia de un nivel de hospitalización a otro sigue siendo una posibilidad hasta el término del embarazo, si alguna situación lo exigiera. Igualmente, es posible regresar a su hospital de origen después de haber sido transferida, si la situación ha cambiado y se ha estabilizado nuevamente.

La cercanía

Es preferible no elegir un hospital demasiado alejado de su domicilio, aparte del estrés que puede generar un trayecto largo en el gran día.

La cercanía del hospital presenta otras ventajas: antes del nacimiento, esto permite acudir a las consultas obligatorias evitando una distancia demasiado larga, sobre todo durante los últimos momentos del embarazo; después del nacimiento, un trayecto corto le permite al papá no perder demasiado tiempo al desplazarse, sobre todo si tiene hijos mayores.

El equipo de salud

Ya sea que usted elija un gran establecimiento o una estructura pequeña, la composición del equipo médico no será la misma. Por ejemplo, en los hospitales que atienden menos de 1 500 nacimientos al año, los pediatras no están obligados a mantener una presencia continua.

Pero no debe temer nada dentro de estas estructuras, y considerando que atienden embarazos normales, los problemas son excepcionales. Por otra parte las parteras, siempre presentes, están capacitadas para la reanimación neonatal. En caso necesario, y en espera de relevo pediátrico, todos los cuidados se aplican sin tardanza. Por otra parte, las unidades pequeñas pueden consagrar más tiempo a las mamás jóvenes y a sus dudas, sobre todo después del parto.

En una clínica privada, el ginecoobstetra siempre será llamado porque tiene que ejecutar el parto para poder percibir sus honorarios; en un hospital público, sólo se desplaza en caso de intervención médica (por ejemplo, fórceps o cesárea). En otra situación, serán las parteras quienes traerán al niño al mundo.

CASAS DE NACIMIENTO: FRANCIA REFUNFUÑA

Las primeras casas de nacimiento fueron creadas en Estados Unidos, hace cerca de 30 años. Canadá, Alemania y Suiza les siguieron el paso. Hoy en día, estas maternidades existen también, en números variables, en Austria, en Inglaterra, en Italia, en España y en Bélgica.

El espíritu de las casas de nacimiento

Cada país tiene una definición muy precisa de la casa de nacimiento. Pero, de manera general, se trata de un lugar en donde pueden dar a luz de manera "natural" todas las mujeres que no tengan un problema particular en su embarazo, es decir, la mayoría. La idea es respetar lo más posible la fisiología, en condiciones similares a las de un parto en casa, y de contar con la supervisión individualizada de un mismo obstetra a todo lo largo del embarazo, incluyendo el parto.

¿Cómo funcionan?

Las casas de nacimiento siempre están ubicadas cerca de un hospital bien equipado, y trabajan en red con otros establecimientos o con especialistas.

En Francia, desde hace muchos años, tanto padres como profesionales intentan crear

Público o privado: la cuestión financiera

● En el sector público, todos los gastos son reembolsados por la seguridad social, con excepción de gastos derivados de una elección personal (habitación individual, televisión), que, después, son cubiertos por ciertos seguros.

● En el sector privado, si la clínica está integrada a la seguridad social, los gastos de la estancia son absorbidos al 100% por la seguridad social al tope de la tabulación convencional, quedando los gastos extras a cuenta de usted. Pero, de cualquier manera, infórmese usted en su seguro para saber si reembolsa posibles sobregiros de honorarios del obstetra (un caso común si ejerce en clínica privada), o los del anestesista, si opta usted por un parto bajo peridural.

● En cuanto a las clínicas concesionadas, éstas no están integradas: esto significa que usted debe adelantar el pago de las atenciones y que será reembolsada posteriormente por alrededor de 80% por la seguridad social, quedando la diferencia a cargo de usted o de su seguro.

estructuras parecidas. Sin embargo, la única casa de nacimiento que haya funcionado alguna vez, en Sarlat, tuvo que cerrar en 1999. La instalación de "auténticas" casas de nacimiento exigiría de una voluntad real de parte del gobierno. En espera de su inauguración, no dude en solicitar una partera independiente que la acompañe todo el embarazo, siga el parto en domicilio hasta el momento que deba partir al hospital y que pueda ayudarle a parir si ella tiene un convenio de acceso al establecimiento que usted eligió.

Los involucrados en su parto

Para el seguimiento de una mujer embarazada, hasta el parto, y durante las semanas que siguen al nacimiento, sólo son necesarios dos especialistas: la partera y el médico obstetra. Sin embargo, durante su parto y en los días siguientes, otros profesionales jugarán igualmente un papel.

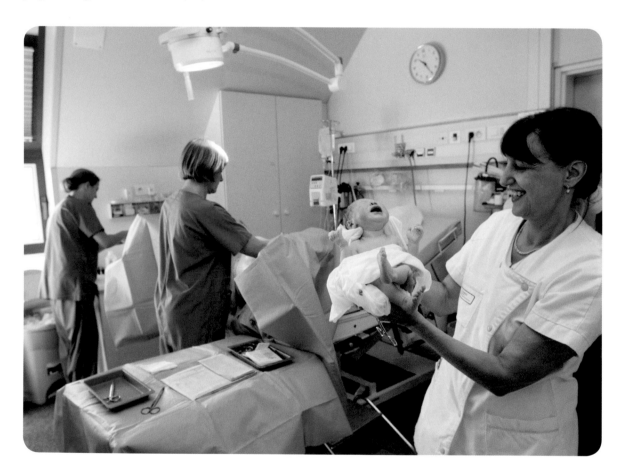

La partera

En Francia, las parteras se encargan de la mayoría de los embarazos. Habiendo recibido una formación médica, ellas ("ellas" ya que la profesión es femenina en 99%) aseguran las consultas obligatorias en las mismas condiciones que un obstetra. Una partera tiene la misma capacidad para detectar un posible problema, puede realizar ultrasonidos y prescribir tratamientos de acuerdo con el caso.

Igualmente, será una partera quien le dará seguimiento durante todo el desarrollo de su parto (fotos de aquí arriba y en p. 59). Si todo marcha bien, el obstetra no intervendrá para nada.

Después, tras el nacimiento, será nuevamente una partera quien hará el primer examen médico de su recién nacido y quien le dará los primeros consejos y le ayudará para que la lactancia comience bien. Ella vigilará también toda la fase posterior al parto (posparto).

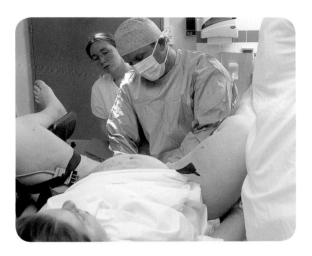

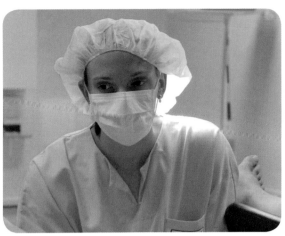

El obstetra

El obstetra es el médico encargado de vigilar el parto. En cuanto aparece un problema médico, es el obstetra quien generalmente interviene (foto superior). El tratamiento de todos los problemas que podrían afectar al feto son exclusivamente de su competencia. Por ejemplo, toda dificultad que implique un parto con fórceps o una cesárea es de su competencia. También puede encargarse del seguimiento médico del embarazo desde las primeras semanas.

El anestesista

El anestesista le da una consulta, un mes antes de su parto, sea que usted quiera una peridural o no. Así, tiene en sus manos un expediente médico completo en caso de que tuviera que proceder a una anestesia (para una cesárea, por ejemplo). El día del parto, está presente en el momento de la primera inyección, si usted ha solicitado una

peridural y ésta no queda contraindicada (foto p. 63). El obstetra vigila las dosis siguientes, de acuerdo con las percepciones que de usted tenga.

La enfermera

En el seno de las maternidades, el personal de enfermería está mayoritariamente constituido por mujeres. Las enfermeras están presentes para extender cuidados al equipo operativo, en salas de parto e igualmente en habitaciones de alumbramiento. Las verá a menudo.

La auxiliar de puericultura

Bajo la responsabilidad de la enfermera o de la partera, la auxiliar de puericultura lleva a cabo los cuidados de prevención y de educación de la salud del niño de pecho (fotografía de la página opuesta). Será ella, por ejemplo, quien esté presente para el primer baño del niño de pecho. También puede darle a usted numerosos consejos.

El pediatra

El primer día después del alumbramiento, el pediatra está presente para examinar a su recién nacido (ver pp. 84-85). El objetivo del examen: ubicar posibles problemas o anomalías. Si todo va bien, el pediatra puede volver a ver a su bebé un día antes de su salida del hospital. Usted puede plantearle entonces todas las preguntas que quiera, también está presente para eso. Según la organización de los servicios, el obstetra puede igualmente efectuar el examen de salida.

> ## La elección de obstetra es una de las decisiones más importantes que usted tendrá que tomar durante su embarazo.
>
> En la siguiente página de Internet puede encontrar información útil a este respecto.
>
> http://madreshoy.com/salud/diez-tips-para-la eleccion-de-tu-medico-obstetra_53.html

La llegada a la sala de expulsión

Contracciones muy regulares, un cuello de útero que se modifica y comienza a dilatarse… El "trabajo" de parto ha comenzado. Acompañada por el ginecoobstetra y, si usted lo desea, por su pareja, usted será llevada a la sala de expulsión.

¿Cuándo se presenta usted en la sala de expulsión?

Cuando el ginecoobstetra constata que el cuello está bastante dilatado, que es necesaria una vigilancia más estrecha o si usted desea que le apliquen una peridural, el equipo de salud la instala en la sala de expulsión. Ahí, vistiendo una bata proporcionada por la maternidad, o la prenda que usted haya elegido para dar a luz (una playera larga o una bata de noche que abra por delante), usted se instalará sobre la cama que le ha sido asignada.

¿Por qué debe tener suero?

En la gran mayoría de los hospitales, a usted se le colocará un suero durante todo el parto y por lo menos dos horas después del nacimiento. El suero permite una aportación continua de nutrientes y de líquidos. Así, en ningún momento estará usted deshidratada o demasiado débil para soportar el trabajo (ya que no se le autoriza beber). También, el suero permite administrar más fácilmente medicamentos (es más cómodo inyectar una solución medicamentosa en la botella o en el suero que directamente en la vena). También permite tener una vía ya lista en caso de necesidad de una anestesia general de urgencia. En los tres casos, la colocación del suero es preventivo.

Algunos obstetras sólo colocan un suero en casos precisos: si el trabajo de parto es largo y doloroso, si la mujer está agotada o también si se anticipa una peridural.

Cuando se programa una peridural, el suero permite administrar solución fisiológica antes de la anestesia, a fin de prevenir que la presión arterial baje. No se inquiete usted, una vez colocado el suero, nada le impide levantarse y caminar,

Las posiciones posibles durante el trabajo de parto

● Cuando comienzan las contracciones, usted siente necesidad de tomar posiciones que le brinden alivio. Adopte aquella en la que mejor se siente. Y, considerando aparte la posición acostada de espaldas —que frena el trabajo, comprime los vasos principales y puede, por consecuencia, hacer más lento el flujo de sangre hacia el bebé— son contemplables casi todas las posiciones. Aquella que usted elija para soportar mejor el dolor es la que favorecerá el acomodo del bebé a la pelvis. Escúchese a sí misma e instálese como usted quiera; estará en armonía con lo que necesita su bebé para descender bien, sin tener que dar explicaciones.

● Las posiciones más eficaces parecen ser aquellas en las que la espalda queda recta y no curvada. Su cadera debe estar siempre bien centrada. Se favorece el trabajo cuando la mujer está de pie, sentada (sobre una cama, una silla, o en los brazos de su compañero), de rodillas (sobre una cama o sobre el piso) o bien, a horcajadas sobre una silla. Caminar no acelera más el trabajo, pero en ocasiones permite soportar mejor el dolor. Algunas mujeres dicen que estar "a gatas" calma el dolor. Si usted prefiere permanecer acostada, tiéndase usted sobre su lado izquierdo, a fin de no estorbar la circulación sanguínea, y haga regularmente algunas elevaciones de cadera.

aunque sólo fuera para ir al baño. Si usted siente dolor en el lugar en el que se coloca la aguja, comuníquelo inmediatamente.

¿Para qué sirve el monitoreo?

Al inicio del trabajo o durante el curso de un parto normal sin factor de riesgo y sin complicaciones médicas, el monitor (foto superior) puede colocarse de manera intermitente, lo que le da una mayor libertad de movimiento. Permite vigilar el estado de salud del bebé, especialmente al verse cómo reacciona con cada contracción (un sensor permite detectar su ritmo cardiaco). El latido sordo y rápido que usted escucha es el corazón de su hijo. Late a razón de 120 a 160 latidos por minuto. Este ritmo varía constantemente durante el parto. Si disminuyera demasiado su ritmo, el equipo médico podría reaccionar al momento y contemplar, por ejemplo, una cesárea de urgencia. Un segundo sensor registra el ritmo y la frecuencia de las contracciones uterinas.

¿Peridural o no?

A menudo, usted ha decidido con anticipación dar a luz con o sin peridural. Ahora, enfrenta usted la realidad del dolor. Considérese con confianza, adáptese a sus sensaciones, entonces podrá usted definir el momento exacto en el que la peridural la ayudará para seguir su camino. Usted puede decidirse más tarde, incluso cuando el cuello esté bien dilatado. Le toca a usted evaluar su dolor a todo lo largo del trabajo y pedir una peridural cuando sufra demasiado (en todo caso, antes de

la fase de expulsión, porque en ese momento ya sería demasiado tarde).

¿Cuánto tiempo dura el trabajo de parto?

La duración del tiempo de trabajo de parto es muy variable de una mujer a otra y, evidentemente, es imposible estimarlo con anticipación. En otras épocas se tenía la costumbre de decir que había que contar un promedio de 10 horas, o 1 hora por centímetro de dilatación del cuello. Pero esto no es más que un indicador, puesto que el cuello de ciertas mujeres se abre totalmente en 1 hora, mientras que para otras, harán falta de 12 a 15 horas. El tiempo que dure el trabajo es particular. Depende del ritmo de sus contracciones, de la relación entre el volumen fetal y su pelvis. Pero sobre todo es psicológico. En este momento entran en juego toda su historia, lo que ha vivido, lo que vive o lo que le queda por vivir, sin que su alargamiento sea patológico. Y usted lo vivirá de manera diferente: usted está fuera del tiempo, fuera del mundo. Una de las necesidades imperativas de la obstetricia es saber tomarse su tiempo. No le tenga miedo, ¡vívalo!

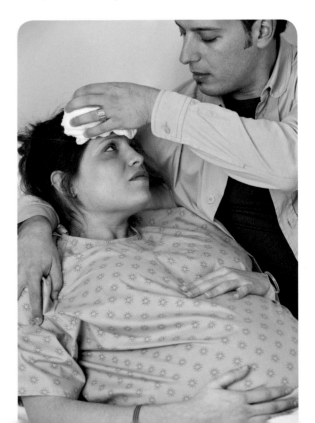

La peridural

La analgesia peridural ha revolucionado el parto y, sin duda, en la actualidad representa el medio más usado para calmar localmente el dolor hasta que nace el bebé. Usted puede pedir la aplicación de una peridural aun cuando esté instalada en la sala de expulsión y cuando su cuello ya esté bien dilatado.

¿DAR A LUZ BAJO PERIDURAL?

En la actualidad, de entre todas las técnicas que permiten un parto sin dolor, la peridural es la más usada. Es un método llamado "analgésico", lo que significa que atenúa las sensaciones dolorosas, sin por ello hacer desaparecer la percepción de las contracciones.

Si la peridural ha probado ampliamente su eficacia, no elimina para nada la necesidad de una buena preparación física y psicológica previa al parto (ver pp.38-41). Tenga presentes sus sesiones.

El obstetra le informará y le aconsejará también en su elección de postura. No dude en preguntarle.

Si la peridural es una respuesta para los dolores del cuerpo, el espíritu, por su parte, no está adormecido, el corazón tampoco y el trabajo sigue su curso.

¿Qué se siente?

La peridural insensibiliza únicamente la parte inferior del cuerpo y le permite vivir su parto sin dolor. Algunas mujeres se sienten frustradas ante esta ausencia de sensación, pero la mayoría se alegra de no sufrir.

Si la dosis de analgésico es algo fuerte, usted podría tener dificultad para mover sus piernas o para pujar durante el parto. Según el caso —la duración del parto y su propia sensibilidad—, siempre es posible sentir la salida del bebé.

Por otra parte, en la actualidad, se trata de dosificar el producto analgésico de manera que se conserven mejor las sensaciones, para que el trabajo no se haga en silencio y que usted pueda permanecer activa —muchas mujeres quieren gozar del alivio pero a la vez sentir— y conservar la eficacia del pujar. Es una posibilidad que usted puede comentar con el anestesista al llegar a la sala de expulsión.

La "peridural ambulatoria"

Esta técnica particular de peridural permite a la futura madre caminar durante el trabajo, lo que, al parecer, facilita el alumbramiento. Sin embargo, no se practica en todas las maternidades.

¿CÓMO SE DESARROLLA ESTO?

Un producto anestésico entra en contacto con las raíces nerviosas que transmiten los dolores de la parte inferior del cuerpo al cerebro. No causa ningún efecto sobre su bebé.

La inyección del producto

La peridural puede aplicarse en todo momento: se aplica cuando el trabajo puede ser definido, y esto depende de su voluntad. El efecto pleno de la analgesia se alcanza en promedio en 20 minutos, y dura de 1 a 2 horas.

La posición

Sentada, la espalda redondeada o acostada sobre el lado izquierdo, las piernas retraídas hacia el vientre: está usted en posición para aplicar la peridural.

El proceso

Después de haber desinfectado la piel y aplicado una anestesia local, el anestesista introduce una

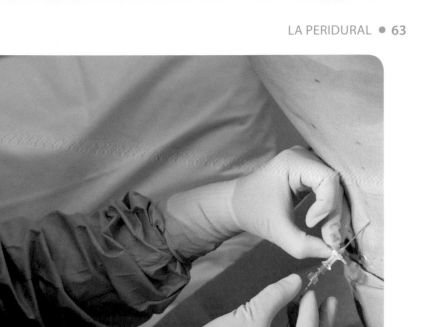

aguja entre la tercera y la quinta vértebras, en el espacio llamado "peridural", situado alrededor de la membrana que rodea la médula espinal (sin llegar a la médula). El riesgo de parálisis es, pues, mínimo. Después, en lugar de la aguja, y antes de que ésta sea retirada, se coloca un pequeño tubo de plástico muy fino (catéter) en el que se inyecta el medicamento. Este catéter permanecerá en su lugar hasta el final del parto y permitirá inyectar regularmente nuevas dosis de analgésico, según el caso.

● EN CASO DE CESÁREA

Cuando una está bajo peridural, el obstetra puede realizar una cesárea si lo juzga necesario. En este caso, usted no sentirá dolores, pero quizá sí experimentará algunas sensaciones que le parecerán extrañas.

En cambio, si usted no recibió una peridural y debe practicarse una cesárea de urgencia, generalmente el equipo médico practicará una peridural (ver pp. 64-65) para evitar recurrir a una anestesia general. No obstante, en ocasiones esta última resulta necesaria y puede efectuarse en cosa de minutos.

● LAS CONTRAINDICACIONES, LAS FALLAS O LOS POSIBLES EFECTOS SECUNDARIOS

La peridural puede no surtir efecto (1% de los casos) o actuar solamente de un lado del cuerpo (10% de los casos). En ocasiones hay que aplicar una segunda peridural. Si usted padece de ciertas enfermedades neurológicas, de problemas de coagulación sanguínea, de una infección de la piel en la espalda, o si tiene fiebre, esta técnica queda contraindicada. En ocasiones, la peridural no procede debido a una anomalía en la posición de las vértebras. Por eso, el anestesista habrá abordado estas cuestiones con usted durante la consulta sobre anestesia. Por otra parte, hay que saber que, durante el parto, la peridural puede provocar una disminución de la presión arterial y dificultad para orinar y, tras el nacimiento del bebé, dolor de cabeza..

¿Existen otros métodos para aliviar el dolor?

Si bien la peridural es la más conocida de las técnicas utilizadas en la actualidad, está lejos de ser la única. Más allá de lo que desee la madre, la elección depende sobre todo del objetivo médico que se persigue y de las posibilidades que ofrezca el hospital donde dará a luz. Infórmese, cuando tenga su cita con el anestesista al final del octavo mes.

Primera técnica: la confianza en sí misma y la seguridad afectiva

Una y la otra le permitirán aceptar positivamente su dolor, hacerlo suyo, y no pelear. Así, aun cuando no desaparezca, puede volverse realmente

soportable. Al tener presente que usted está a punto de traer al mundo a su bebé, usted podrá aceptar y dejar pasar su contracción dolorosa. Todo facilitador de relajación es bienvenido (masaje, música…), pero sobre todo, lo que necesita es presencia, atención, respeto y, si la requiere, intimidad.

Anestesia espinal

A menudo se utiliza la anestesia espinal para las cesáreas programadas. Ésta le permite permanecer consciente y ver a su bebé desde que nace. El anestesista inyecta los analgésicos en el líquido cefalorraquídeo, mediante una aguja introducida en la parte baja de la espalda, entre la tercera y la quinta vértebras lumbares. Este método es rápido de aplicar pero, a diferencia de la peridural, no permite dejar un catéter colocado para así prolongar la anestesia reinyectando medicamentos si es necesario.

La anestesia de los nervios del periné

Esta anestesia local no actúa sobre el dolor de las

contracciones, pero disminuye la sensación en el momento de la expulsión. Además, facilita el posible uso de fórceps. Para insensibilizar los nervios del periné, este "piso" muscular de la pelvis, el médico o la partera inyectan anestésicos en la zona genital por medio de una jeringa. Esta inyección puede ser aplicada por quien asiste al parto y no requiere de la presencia de un anestesista.

La anestesia por inhalación

Este método consiste en inhalar, a través de una máscara, una mezcla de óxido nitroso y de oxígeno.

Hay que respirar el gas 30 segundos antes de la contracción (porque su efecto no es inmediato), y otra vez después, al ritmo de las contracciones, según se necesite. Sin embargo, ciertas mujeres se sienten "desconectadas" de lo que están viviendo y guardan malos recuerdos de este episodio.

La acupuntura

En algunos países se usa la acupuntura para calmar los dolores del parto. Según los principios de la medicina tradicional china a la que pertenece esta técnica, el dolor resulta de un desequilibrio entre dos energías, el yin y el yang. Estas energías, invisibles, siguen trayectos (los "meridianos") a lo largo de los cuales están ubicados puntos que tienen, individualmente, un papel bien determinado. Al picar ciertos de estos puntos con ayuda de agujas finas, se busca corregir los desequilibrios de las energías responsables del dolor. Así, durante el parto, se colocan de 8 a 10 agujas esterilizadas, de uso único, sobre los antebrazos, las piernas y en la parte baja de la espalda. Este acto es indoloro y realizado por médicos o parteras especialmente formados en esta práctica.

La anestesia general

Indicada en ocasiones en casos de cesárea o de utilización de fórceps, la anestesia general se aplica cuando hay una urgencia, ya que su ejecución es rápida. Requiere de una intubación (introducción de un tubo en la tráquea) y hace

Posiciones que pueden ayudar

Aunque existen numerosas técnicas para atenuar o suprimir el dolor, entre las que la peridural ocupa la primera elección, un parto sin dolor no queda nunca garantizado al 100%. Por lo tanto, es aconsejable prepararse para no recurrir al analgésico. La preparación para el parto es útil, por ejemplo, para aprender a respirar y a no dejarse rebasar por la sensación. Además, en ciertos hospitales, los ginecoobstetras practican cambios de posición para mejorar el trabajo. Les proponen a las mujeres, especialmente, colocarse sobre un costado, levantando y flexionando su pierna exterior, o sentarse, inclinándose hacia delante y apoyándose sobre una pelota. Generalmente, esta posición da alivio, provoca una dilatación más rápida del cuello, y se observa que el bebé se acomoda mejor en la pelvis.

perder la conciencia. Se mantiene durante todo el transcurso de la cesárea o del uso del fórceps. Su principal inconveniente es que la madre y su bebé quedan separados durante las primeras horas que siguen al nacimiento. También, puede implicar un despertar en ocasiones con vómito, aunque se han logrado grandes avances en esta área.

Al nacimiento, el niño puede estar dormido bajo los efectos de los medicamentos inyectados a la madre (por lo que se requiere una supervisión pediátrica en estos casos).

La analgesia autocontrolada

Cuando se contraindica una peridural o resulta imposible de realizar, se le propone a la madre utilizar una jeringa eléctrica que contiene analgésicos. Ella misma la acciona mediante un botón colocado en la jeringa, que queda conectada al suero. Así, la mujer que está dando a luz controla la administración de los analgésicos y recibe el medicamento en cuanto siente que lo necesita. Se fija una dosis máxima y, sobre todo, el médico supervisa regularmente a la futura madre y al feto.

El desarrollo del parto

La expulsión, la fase mediante la cual el bebé llega al mundo, es la más corta del parto. Esta etapa, en la que hay que "pujar" para ayudar al pequeñín a progresar a través de la pelvis, no interviene hasta después de la dilatación total del cuello del útero, lo que requiere, salvo excepción, de varias horas. Y cuando por fin nace el bebé, ocurre el alumbramiento, la última etapa, que consiste en la expulsión de la placenta.

LA DILATACIÓN DEL CUELLO

Ya en la sala de expulsión, usted inicia la etapa más larga del parto: la dilatación del cuello del útero. La duración del proceso depende del número de sus partos previos, de la naturaleza de las contracciones —más o menos eficaces—, de las dimensiones de su pelvis y de las del bebé, así como de su posición. Para que el cuello se dilate completamente y alcance una abertura de 10 cm, se requieren, en promedio, 12 horas, por lo menos para un primer hijo. Por otra parte, para un primer parto, el cuello se borra antes de dilatarse. Para los partos siguientes, la dilatación del cuello y el descenso del niño tienen lugar al mismo tiempo. Por lo tanto, es más rápido.

¡Usted no está sola!

Durante todo este tiempo, y hasta el final del parto, usted se encuentra bajo la vigilancia del ginecoobstetra. Cada hora, aproximadamente, él le practica una exploración vaginal. Lo asisten enfermeras. De tiempo en tiempo le toman la temperatura y la presión arterial para prevenir un posible malestar.

El anestesista no anda lejos y, si usted ha optado por una peridural, también estará vigilando su estado. En ocasiones ocurre que las contracciones se debilitan bajo el efecto de la peridural; entonces el ginecoobstetra romperá la fuente, y si esto no es suficiente para reiniciar la mecánica uterina, le administrará oxitocina (hormonas que actúan sobre las contracciones del útero) a través de un suero venoso.

¿Qué hacer cuando ocurre la dilatación?

Para que las contracciones uterinas sean eficaces y que la dilatación sea más rápida, hay que vigilar la posición del cuerpo durante el trabajo: piense en estirar su espalda y no se encorve. En la sala de expulsión, lo mejor es cambiar regularmente de postura. Por ejemplo, sobre el costado, la pierna inferior estirada y la pierna superior replegada. También, usted puede sentarse de piernas cruzadas o en posición sentada con los pies levantados.

Habitualmente, la contracción uterina crea un dolor envolvente dentro del bajo vientre. No huya de él; al contrario, "entre en él" e intente incluso rebasarlo para permanecer en contacto con su bebé y acompañarlo en su avance. Las contracciones uterinas no son únicamente dolor. Gracias a ellas, usted va a dar a luz y descubrir por fin a su bebé.

Con cada contracción, su bebé progresa, milímetro por milímetro, hacia el camino de salida. Mientras el cuello del útero no esté completamente dilatado, no hay que pujar, aunque sienta ganas de hacerlo.

EL MOMENTO DE LA EXPULSIÓN

Ocurrirá sólo cuando el cuello esté completamente dilatado y el bebé posicionado en la pelvis cuando usted empezará a pujar. En general, la expulsión no dura más de 20 o 30 minutos. En este momento, lo más común es que usted

La progresión del bebé

① *El posicionamiento en la pelvis*

Al inicio del parto, la cabeza del feto se coloca en la pelvis, un poco adelantada. El obstetra lo verifica haciendo una exploración vaginal y palpando el abdomen de la madre.

La entrada a la cavidad ósea es estrecha, pero el bebé debe acomodarse a lo estrecho del canal. Es necesario que oriente oblicuamente su cabeza, generalmente girándola 45°, para colocarse en la parte más grande de la pelvis. Busca también colocar el diámetro más pequeño de su cabeza en la cavidad: por lo tanto, habitualmente presenta la parte posterior de su cráneo, flexionando la cabeza (bajando su mentón hacia el pecho).

② y ③ *El descenso y la rotación en la pelvis*

El descenso comienza en cuanto queda posicionada la cabeza. Bajo el efecto de las contracciones, la cabeza progresa hacia abajo: avanza a través de la pelvis en posición oblicua; después ejecuta una nueva rotación, para salir en posición vertical. Luego, se fija bajo el pubis y se apoya sobre los músculos del periné, que se relaja progresivamente gracias a su elasticidad. La cabeza, descendida hasta la vulva, se endereza. La vulva se abre bajo la presión de la cabeza. Aparece lo alto del cráneo.

④ *La liberación de la cabeza y la salida del bebé*

La cabeza sale: la liberación de la cabeza se logra gracias a los esfuerzos de la madre y a la destreza del ginecoobstetra, milímetro por milímetro, para evitar el desgarramiento. Después, quien lleva el parto ayudará a la liberación completa de los hombros, y entonces saldrá el cuerpo completo sin ninguna dificultad.

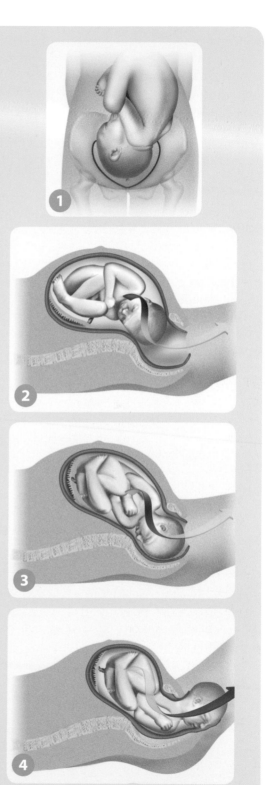

esté acostada, con las piernas separadas y las pantorrillas posadas sobre canalones ajustados.

Ahora las contracciones son más largas y se suceden a un ritmo cada vez más rápido. No dude en proponer otra posición. Cada vez con mayor frecuencia, los obstetras lo aceptan, ya que la elección de la postura de parto va a depender de su morfología, de la forma de su pelvis y de la presentación fetal.

Pujar con las contracciones

El obstetra le pedirá que puje dentro del ritmo del útero, dos o tres veces al ocurrir cada contracción, y que descanse entre dos.

Con cada contracción, usted puja bloqueando el aire (después de una inhalación) o soplando (durante la exhalación).

Usted contrae con fuerza sus abdominales, dejando distendido el periné. La pujada debe ser lo más larga posible, para permitir que el niño avance de manera continua.

La placenta

La placenta forma parte de los anexos fetales, junto con el líquido amniótico, el cordón umbilical y las membranas. Es el órgano que permite los intercambios entre la madre y el hijo. De hecho, a través de ella se efectúan la transportación de nutrientes y los intercambios respiratorios hacia el feto. También juega un papel de barrera y filtra ciertas bacterias, parásitos o medicamentos. Pero esta barrera no es total, por lo que deben tomarse ciertas precauciones alimenticias o medioambientales, y considerar que ciertos tratamientos son contraindicados durante el embarazo. Finalmente, es una glándula endocrina y sintetiza varias hormonas.

Tiene una cara materna (contra el útero) y una cara fetal (de donde parte el cordón). Las membranas (bolsas de aguas) parten de su periferia. Se inserta sobre el útero desde la sexta semana, pero se forma por completo hacia los 5 meses. Su ubicación depende del lugar donde tiene su nicho el huevo dentro de la cavidad uterina.

Después del nacimiento, se despegará del útero y será expulsada: es el alumbramiento.

Para facilitarle la tarea y hacer más eficaz el esfuerzo, usted puede aferrarse con las manos a cada costado de la cama, o cerrar los muslos levantando las rodillas hacia los hombros. Al mismo tiempo, puede separar los codos como quien rema y colocar su mentón sobre el pecho. También, y es muy eficaz, usted puede poner las manos sobre sus muslos, con los brazos separados, y hacer una contrapresión manos-muslos (sus muslos van hacia sus hombros y sus manos los retienen).

Cuando el cráneo del bebé llega afuera de la vulva, ya sólo es cuestión de minutos. El obstetra le pedirá que se relaje a fin de que la cabeza pueda liberarse progresivamente y así proteger su periné.

¿Quizá será necesario un último esfuerzo para el paso de los hombros? Después, el resto del cuerpo saldrá muy rápidamente. En cosa de segundos, su hijo estará descansando sobre su vientre, y se descubrirán mutuamente.

EL ALUMBRAMIENTO O EXPULSIÓN DE LA PLACENTA

Su hijo ha nacido… Agotada, y a la vez en un estado de gran emoción, usted vivirá por fin los primeros intercambios con su bebé, seguramente bajo la mirada del padre. Si el bebé no requiere de cuidados inmediatos, todos pueden permanecer juntos. Pero, si al nacer necesita algunas maniobras médicas (aspiración traqueal, ventilación…), el obstetra lo lleva rápidamente a una sala de reanimación donde es más fácil realizar los procedimientos.

Entonces reinician las contracciones uterinas. Su consecuencia será que 20 o 30 minutos después desprenden la placenta: es lo que los médicos llaman el alumbramiento. En general, esta última fase del parto es indolora.

La revisión de la placenta

Cuando sale la placenta, el equipo médico la examina. De hecho, hay que verificar que sea expulsada completamente. Si persiste la menor

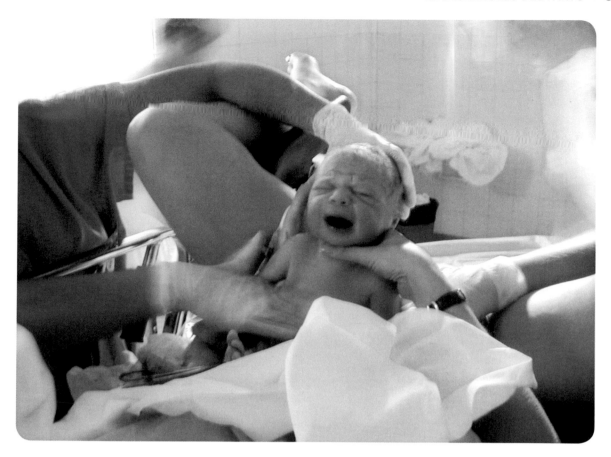

duda, el obstetra introduce la mano en el útero para asegurarse de que está totalmente vacío y verificar la ausencia de anomalías; es, en términos médicos, la "revisión uterina". El médico procederá de igual manera si el cuerpo de la madre no expulsa la placenta en forma espontánea. Este acto no implica ningún dolor, ya que se realiza bajo peridural o, si resulta necesario, bajo anestesia general.

En caso de hemorragia fuerte

Puede darse que una mujer pierda demasiada sangre al final del parto. Esta "hemorragia de la liberación" no tiene comparación con las pequeñas pérdidas de sangre bastante comunes. De nueva cuenta, la única solución posible para el obstetra será extraer rápidamente la placenta bajo anestesia. Después, se asegurará de que haya una buena contractilidad uterina administrándole oxitocina por el suero bajo tratamiento.

JUSTO DESPUÉS DEL ALUMBRAMIENTO

Después de la expulsión de la placenta, usted permanecerá todavía dos horas en la sala de parto. Es el tiempo que lleva la supervisión médico-legal en sala de expulsión.

Su hijo se reunirá con usted en cuanto haya recibido sus primeros cuidados (ver pp. 84-85) y tomado su primer baño, si éstos últimos no se hacen en la sala de parto.

Aunque ahora haya concluido el alumbramiento, usted sigue bajo supervisión médica. Con regularidad, una enfermera controla su temperatura y su presión arterial. El ginecoobstetra supervisa la evolución de los sangrados y vigila igualmente que su útero se retraiga bien. Finalmente, cuando usted esté lista, podrá volver a su habitación.

Las preguntas que se hace usted

"¿No hay ningún peligro para el bebé si se perfora la fuente?"

La ruptura de la fuente es imprevisible. En ocasiones precede a las contracciones intensas y dolorosas; otras veces, las sigue. También ocurre que no se rompe hasta que el cuello está bien dilatado, e incluso llega a permanecer intacta hasta el nacimiento (se dice entonces que el niño nace "con sombrero"). En este caso, generalmente, es el ginecoobstetra quien rompe la fuente con un perforador de membranas, durante el curso del trabajo... Impresionante, pero, esté tranquila, no se siente nada. No hay peligro alguno de herir la cabeza del bebé. Sólo debe prever la intensificación de las contracciones una vez que fluye el líquido amniótico, que es el objetivo deseado.

"He escuchado hablar del sufrimiento fetal. ¿Cómo lo percibe la madre?"

Las causas que llevan a un sufrimiento fetal durante el parto son múltiples: compresión del cordón, desprendimiento de la placenta, hipertonia del útero...
Este sufrimiento se traduce en una disminución del latido cardiaco fetal, detectado gracias al monitor. La falta de oxígeno puede tener graves consecuencias sobre el funcionamiento cerebral del bebé. Un sufrimiento fetal justifica acelerar el nacimiento, por cesárea o por vías naturales, especialmente mediante el fórceps, cuando es posible.

"¿Qué pasa si mi bebé tiene el cordón enrollado alrededor del cuello?"

Se estima que cerca del 25% de los bebés tienen el cordón umbilical —que mide de 40 a 60 cm— alrededor del cuello. Durante los últimos meses del embarazo ocurre que, al dar vueltas en el útero, el bebé rodea una o dos veces su cuello con el cordón. Si este último es suficientemente largo y queda flojo alrededor del cuello, no hay ningún problema, el ginecoobstetra liberará al bebé en el momento de nacer. En cambio, si hay compresión del cordón durante el parto, y esto disminuye el ritmo cardiaco del bebé, el equipo médico puede decidir acelerar el nacimiento, probablemente mediante una cesárea.

"En caso de hemorragia, tengo miedo de recibir una transfusión y quedar contaminada. ¿Es posible hacerme un análisis de sangre con miras a una autotransfusión?"

Los riesgos de que reciba una transfusión son mínimos. En promedio, el volumen sanguíneo de una mujer embarazada es cerca de 40 a 50% superior al volumen normal. En general, independientemente del tipo de nacimiento, las pérdidas de sangre no son suficientemente importantes para requerir una transfusión. Por otra parte, en la actualidad, el riesgo de contraer sida o hepatitis C es extremadamente mínimo, pues las donaciones de sangre son objeto de una vigilancia estrecha.

Por último, los dispositivos de transfusión están prioritariamente reservados para personas sometidas a operaciones de alto riesgo hemorrágico. Por lo tanto, a las mujeres embarazadas no siempre se les autoriza recurrir a la autotransfusión. Para reducir el riesgo de hemorragia, se observan algunas precauciones durante las últimas semanas. Evite tomar productos que diluyan la sangre (de todos modos, la mayoría son totalmente contraindicados para mujeres embarazadas). Esto significa, por ejemplo, renunciar a la aspirina, a los antiinflamatorios, a los venotónicos en dosis altas o al ibuprofeno. Sean de venta libre o sometidos a prescripción médica, numerosos medicamentos que contienen sustancias activas similares quedan prohibidos. Consulte a su médico.

Para reducir el riesgo de anemia, que sería agravada por la hemorragia, evite llegar al momento del parto con deficiencias de hierro, tomando complementos nutricionales prescritos por su médico, y siguiendo un régimen alimenticio balanceado (ver pp. 24-25).

"Tengo miedo de gritar, de hacer algo que cause molestias durante el parto."

Gritar, decir improperios o vaciar involuntariamente su vejiga o sus intestinos durante el parto son temores compartidos por numerosas mujeres. Sin embargo, este temor será lo último en lo que pensará usted cuando comience el trabajo de parto. Por otra parte, nada de lo que pudiera usted decir o hacer le será reprochado por las personas que la asisten. ¡Ya han visto a otras! Olvide pues sus inhibiciones cuando llegue a la sala de parto y siéntase en libertad para comportarse con naturalidad. Su queja, cualquiera que sea, es bienvenida: le permitirá avanzar mejor.

"Elegí no recurrir a la peridural, pero si el parto dura mucho tiempo, ¿de todos modos puedo recurrir a ella?"

En teoría, es fácil elegir lo que más le conviene, pero es imposible predecir cómo se desarrollará su parto. Quizá reaccione usted mal ante las contracciones. Por lo tanto, sí es aconsejable el contemplar un cambio de opinión.

Si durante el trabajo de parto usted piensa que necesita ayuda, dígaselo al obstetra. Entre tanto, concéntrese lo más posible en las técnicas de relajación y de respiración que ha aprendido, pidiéndole ayuda a su compañero. Quizá pueda usted manejar el dolor o bien el bebé progresará lo suficiente para convencerla de seguir como está. En cambio, si tiene necesidad de sentir alivio, dígalo sin rodeos y pida ayuda. Sin indicación médica, es una decisión que le toca a usted: tanto la petición como el momento en el que decida planearla. Nadie mejor que usted puede saber lo que está viviendo.

El papel del compañero

Decidir participar o no en el parto no siempre es fácil, sobre todo cuando se ignora todo sobre esta experiencia. ¿Se puede abandonar la sala de parto si uno lo desea? ¿Dónde debe colocarse uno y cómo ayudar a su pareja? Aquí tienen algunos elementos de información para decidirse mejor.

UNA DECISIÓN QUE SE TOMA EN CONJUNTO

La presencia del padre en la sala de parto es una decisión que se toma en conjunto. Puede ser que su compañera no desee su presencia, por pudor, porque posiblemente tiene miedo de sentirse menos libre para expresar su dolor, porque teme que después le parezca menos deseable… Pero quizás es usted quien no quiere estar presente. Lo importante, en uno u otro caso, es que cada quien pueda entender la decisión del otro, y respetarla.

¿Juntos de otra manera?

El hecho de que no estén los dos en la sala de parto tampoco significa que no estarán juntos. Algunas mujeres encuentran mucha fuerza en el solo hecho de saber que el padre del niño está mentalmente cerca de ellas y del bebé que viene. No necesitan de su presencia física. Y un hombre, por su parte, puede vivir un momento muy intenso aunque no sea testigo directo del nacimiento.

De cierta manera, más que el hecho de asistir al parto, lo que aquí resulta esencial es el amor por su mujer y el hecho de pensar en ese niño que está por llegar al mundo.

Sin embargo, si usted sigue cumpliendo actividades profesionales sin interrupción, corre el riesgo de verse un poco desconcertado cuando haya llegado el niño. No olvide que, durante el parto, usted también está naciendo como padre. Es en esa espera donde usted también recorre el camino hacia la paternidad.

¿ESTAR PRESENTE DE MANERA INTERMITENTE?

En los hechos, "asistir al parto" cubre diversos tipos de acompañamientos posibles. Usted puede permanecer cerca de su compañera durante toda la fase del trabajo de parto y de la dilatación del cuello, que dura varias horas y se desarrolla en la sala de parto. Usted puede elegir no estar presente después en la sala de expulsión. También puede usted estar presente de principio a fin y así asistir a la última fase del nacimiento, que dura cerca de media hora; entonces verá al bebé llegar al mundo.

En todos los casos mencionados, usted tiene la posibilidad de entrar o salir de la sala de parto, conforme a sus deseos. Por otra parte, nadie podría estar totalmente disponible durante cerca de doce horas, el tiempo promedio de un parto…

¿Quién está ahí para apoyar al padre?

A menudo, los hombres que asisten al parto se encuentran muy solos, y ver a su mujer dar a luz puede ser agotador. Además, cuando se tiene necesidad de hablar, no están disponibles ni la madre, en pleno esfuerzo, ni el personal que la atiende. Con todo, no dude en buscar respuestas con los ginecoobstetras. También puede pedirle a un conocido que vaya al hospital. De hecho, salir por momentos de la sala de parto para platicar o tomar un café, con un amigo o una hermana, es positivo. Y si no asiste uno al parto, es mejor esperar en compañía de alguien cercano.

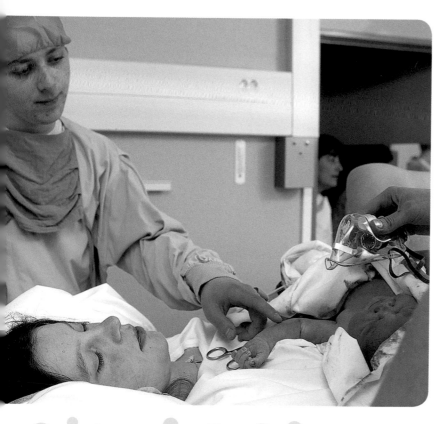

ella pueda estar atenta a lo que está viviendo. Ella debe preocuparse por sí misma y usted, preocuparse por esa preocupación.

Puede ser que usted y su compañera lleguen a estar solos en la sala de parto, sobre todo durante las primeras horas. Pero si se presenta el menor problema, hay que pedir ayuda a los profesionales. No olvide que usted no es ni la enfermera ni el obstetra, usted no puede suplirlos.

¿Dónde colocarse?

En general, el hombre se coloca al lado o detrás de su compañera. Cuando el bebé comienza a salir, en ocasiones los obstetras proponen que el padre se coloque al frente, para asistir al avance de su hijo, pero si esto incomoda a su mujer, es mejor evitarlo. También se puede pedir que se extienda una sábana sobre el bajo vientre de la mujer en el momento en que sale el niño.

Al permanecer a un lado de su mujer, usted verá aparecer primero la cabeza y después todo el cuerpo del bebé. Sobre todo, esta posición es menos agresiva y más reconfortante para la madre, que sentirá apoyo, en el hombro, en sentido propio y figurado.

¿Qué gestos, en qué momentos?

Usted podrá ayudar a su mujer mediante gestos a los que ambos están acostumbrados: poner una mano sobre el hombro, acariciar su mejilla… Pero, a menos que ella se lo pida, no la toque cuando siente dolor o cuando está en pleno esfuerzo. De hecho, cualquier gesto debe efectuarse entre dos contracciones o dos pujos, cuando su cuerpo se relaja. De lo contrario, se arriesga usted a incomodar a su mujer, a que su gesto sea mal recibido.

Para las mujeres solas

En la actualidad, en la mayoría de los hospitales se admite que un tercero pueda estar presente en la sala de parto. Si por una razón u otra el padre de su futuro hijo no puede estar presente el día del parto, nada le impide pedirle a su madre, a una hermana o a una amiga que la acompañe y que permanezca a su lado a todo lo largo del trabajo de parto, hasta el nacimiento de su hijo.

¿CÓMO APOYAR A LA FUTURA MAMÁ?

No existen reglas estrictas respecto de la conducta a seguir durante un parto, pero con ciertos gestos reconfortantes usted puede ayudar a su pareja a relajarse. Apórtele la seguridad afectiva para que

¿Dar a luz en casa?

La decisión de dar a luz en casa, rodeada de sus parientes cercanos, en Francia (menos de 1% de las mujeres optan por esta práctica). Por otra parte, para cumplir con esta posibilidad, deben respetarse ciertas condiciones, muy raramente reunidas en ese país.

Ventajas e inconvenientes

El parto en casa tiene adeptos y detractores. Para los primeros, el entorno familiar, la presencia de las personas queridas, el confort y la intimidad permiten un parto en una serenidad absoluta. Además, la mujer cuenta con la partera como interlocutora, desde el inicio de su embarazo hasta el posparto.

Según los detractores, los posibles riesgos son más importantes que cualquier otra ventaja. Durante el parto pueden darse complicaciones, aun mínimas. La cesárea, por ejemplo, no puede practicarse en casa, y la gestión de los riesgos diagnosticados es mejor en el hospital. Por esto, deben tomarse en cuenta los aspectos médicos de la cuestión, y el desarrollo del embarazo puede llevar a repensar el proyecto en cualquier momento. Esta posibilidad no será considerada sino hasta después de una entrevista profunda con el profesional que aceptará o no acompañarla.

Desde el punto de vista práctico

Si usted ha elegido esta opción, debe encontrar una partera que viva cerca de su casa, que practique parto a domicilio y que esté relacionada con un hospital para poder transferirla fácilmente en caso de problema.

Por prudencia, regístrese en el hospital más cercano a su domicilio, en caso de que se complicara el final de su embarazo y que su partera no estuviera relacionada con un hospital certificado. Es preferible efectuar las visitas prenatales y seguir las sesiones de preparación para el parto con la partera con la que dará a luz. Por último, debe preguntarle a su seguro cuánto cubrirá si se rebasa la tasa de honorarios de la partera.

Los Países Bajos, un modelo en la materia

A diferencia de otros países europeos donde se acostumbra muy poco, el alumbramiento en casa es una elección común en Holanda. Sin embargo, esta práctica va acompañada de un gran rigor y de ciertas condiciones geográficas y sanitarias. Sólo pueden dar a luz en casa las mujeres que no tengan antecedentes médicos particulares, que presenten un embarazo sin problemas, y las que no presentan embarazo gemelar. Debe haber un hospital cerca del domicilio (menos de 30 minutos de trayecto), para un traslado rápido de la madre o del niño en caso de complicación.

Condiciones muy poco favorables en Francia

En Francia se reúnen raramente estas condiciones: pocas parteras practican todavía los partos a domicilio, ya que no pueden asegurarse para este acto. Por otra parte, las maternidades ya no son concebidas como infraestructuras de proximidad, y la posibilidad de dar a luz en casa queda sometida a criterios médicos estrictos. Por ejemplo, usted no puede dar a luz en casa si ya tuvo una cesárea o si el bebé se presenta sentado.

En México, el Instituto Mexicano del Seguro Social (IMSS) ofrece talleres de salud en zonas rurales y marginadas a parteras voluntarias. El propósito es disminuir la mortandad maternal.

"El gran día"

Si se reúnen todos los criterios para que usted pueda realizar este proyecto de dar a luz en su casa, he aquí algunos consejos para que todo se desarrolle de la mejor manera posible.

Tenga confianza en sí misma y esté pendiente de sus sensaciones. Integre el movimiento del nacimiento en su ritmo de vida. Desplácese o descanse; manténgase ocupada, coma un poco si le dan ganas de hacerlo. Cuando sienta más presentes las contracciones o cuando necesite de la seguridad afectiva de la partera, llámela para que acuda y permanezca a su lado. Entonces, habrá reunido todo: la confianza en sí misma, la seguridad afectiva aportada por su pareja y la partera, la seguridad de supervisión médica y la seguridad del entorno. Hacia el final del trabajo, usted escogerá el espacio de acuerdo con el lugar donde quiera dar a luz: coloque una sábana plastificada sobre la cama o la mesa, entibie una toalla para el bebé cuando sea colocado sobre usted. Prepare también un recipiente para recuperar la placenta. Y déjese llevar más por lo que siente que por el razonamiento. No se haga un esquema demasiado preciso de su parto, ya que éste se decidirá en función de sus sensaciones del momento.

Fórceps, ventosas, episiotomía

Todas estas palabras evocan prácticas un poco intensas y pueden alimentar temores a pocos días del parto. Temor ante el dolor en sí, por su bebé, temor de posibles secuelas… No obstante, sepa que los partos con fórceps o ventosas no presentan más riesgos que los partos por cesárea. En cuanto a la episiotomía, es cada vez menos sistemática.

LA EPISIOTOMÍA, ¿CÓMO Y POR QUÉ?

En el momento en que va a salir la cabeza del bebé, puede darse que la partera (o el médico obstetra) haga una pequeña incisión en la parte inferior de la vulva. Esta intervención es llamada "episiotomía", se efectúa muy rápidamente, durante un pujido.

Hoy en día, numerosas parteras y obstetras se oponen a su práctica sistemática. De hecho, presenta varios inconvenientes:

● hace perder un poco de sangre suplementaria a la madre;

● requiere de una sutura minuciosa bajo anestesia peridural o anestesia local;

El inventor del fórceps

Peter Chamberlen, hijo de hugonotes emigrados a Inglaterra, inventó el fórceps en el siglo XVII: un progreso mayor que permitía salvar al niño y a la madre. Reservado durante mucho tiempo a la familia real, la patente de invención fue "vendida" parcialmente (una de las dos cucharas). Fue hasta principios del siglo XVIII cuando un descendiente, Hugues Chamberlen, reveló íntegramente el procedimiento.

Se ha hecho responsable al fórceps de heridas graves no sólo al bebé, sino también a las madres. Pero los partos con fórceps no implican correr ni más ni menos riesgos que los otros métodos, bajo reserva de respetar ciertas condiciones.

● puede provocar dolores en los días siguientes, al ir a orinar o al sentarse;

● está probado que no previene futuros problemas del periné;

● afecta la integridad corporal y psíquica de las mujeres.

Sin embargo, en ciertos casos, la episiotomía no puede evitarse, ante el riesgo de que se desgarren profundamente los músculos del periné: de hecho, más vale una incisión precisa que un desgarre que podría llegar hasta el ano.

Mientras más cortos sean los músculos del piso pélvico, más riesgos corre usted de requerir una episiotomía. Para intentar darle flexibilidad a su periné, déle masaje de seis a ocho semanas antes de la fecha prevista del alumbramiento (pídale consejo a su partera). Un periné tónico no implica necesariamente una episiotomía, ya que puede relajarse muy bien.

Si usted requiere de una episiotomía, no sentirá nada en el momento. Para suturarla, la zona será anestesiada. Sin embargo, durante algunos días quizá le será difícil sentarse.

¿DAR A LUZ CON FÓRCEPS?

Si usted está agotada o si el niño necesita nacer rápidamente, el obstetra podrá ayudar al bebé a salir mediante diversos instrumentos (fórceps, ventosa, espátula). Éstos son utilizados en 15% de los nacimientos. El mejor instrumento sigue siendo el que elija el profesional, en función de la situación y de su experiencia.

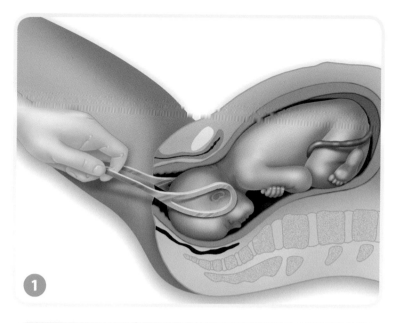

precisas: mala condición física de la madre (está agotada y ya no tiene fuerzas para empujar o padece una enfermedad cardiaca, muscular, neurológica o respiratoria que le impide pujar correctamente), ritmo cardiaco fetal anormal, desprendimiento prematuro de la placenta.

El empleo de esta herramienta debe quedar descartado si el cuello del útero no está completamente borrado y dilatado, si a la madre se le ha roto la fuente y si la cabeza del bebé está atorada en la pelvis.

Para evitar un desgarramiento del periné, el empleo del fórceps va casi siempre acompañado de una episiotomía. Puede ser necesaria una anestesia local si la mujer no está bajo peridural. Este instrumento puede dejar algunas marcas sobre las sienes, las mejillas o el cráneo del niño, pero éstas no son de gravedad y en general desaparecen a los dos o tres días.

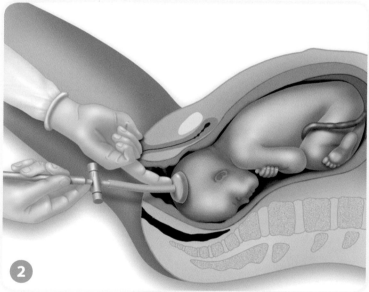

La ventosa

Se trata de un instrumento de material elástico que se coloca sobre la cima del cráneo del niño con el propósito de guiarlo durante su descenso a través de la pelvis (dibujo ②). Se jala suavemente durante una contracción, para bajar la cabeza del bebé. Así, permite conservar el avance de un pujo, impidiendo que la cabeza del bebé se retraiga cuando termina la contracción y concluye el esfuerzo del pujo.

El fórceps

El instrumento obstétrico más empleado es el fórceps (dibujo ①).

Se compone de dos extensiones articuladas en forma de cuchara. Éstas ciñen la cabeza del bebé por ambos lados y servirán para guiarlo por su pelvis mientras que usted puja. Después, ayudarán a liberar la cabeza.

El fórceps solamente debe ser utilizado por un obstetra experimentado y en situaciones muy

Las espátulas

Están formadas por dos extensiones no articuladas que también permiten guiar la cabeza del niño a través de la pelvis.

Una cesárea, ¿en qué caso?

La cesárea es una intervención que los obstetras dominan muy bien, con técnicas que se han simplificado en la actualidad. Es una operación tan común que a menudo se olvida cuánto ayuda a salvar vidas. Por otra parte, realizada en el 70% de los casos bajo peridural, le permite a la madre recibir plenamente a su hijo.

Las cesáreas programadas

Llega a ocurrir que, durante el octavo o noveno mes, el obstetra prevea un parto por cesárea. Entonces, se programa la operación. El caso se da muy a menudo cuando:

● El bebé tiene un retraso de crecimiento importante y parece demasiado frágil para nacer por las vías naturales.

● La madre espera por lo menos trillizos o cuatrillizos, puesto que el nacimiento de gemelos no implica cesárea más que en ciertos casos.

● El útero tiene una cicatriz que corre riesgo de romperse bajo el efecto de las contracciones; ésta puede deberse a la extracción de ciertos fibromas o a una cesárea previa. Pero la mitad de las mujeres que ya tuvieron una cesárea dan a luz después por las vías naturales.

● La placenta impide que la cabeza del bebé avance a través de la pelvis (placenta previa o que recubre) y la madre puede sufrir una hemorragia.

En ocasiones, se decide con urgencia

Una cesárea puede ser decidida de urgencia, en el momento del parto. En general, los médicos toman esta decisión si constatan que el bebé sufre o corre el riesgo de sufrir. Mediante el monitoreo pueden detectar una posible anomalía del ritmo cardiaco fetal: disminuciones marcadas durante o después de las contracciones, o una disminución profunda de varios minutos. En ocasiones, el cuello del útero deja de dilatarse. O la cabeza del bebé no llega a rebasar la pelvis (la cabeza está demasiado grande o la pelvis demasiado pequeña), aun si el cuello está bien dilatado y las contracciones son "eficaces": es una situación imprevisible, a pesar de los ultrasonidos. En todos los casos, con la mayor frecuencia, el sufrimiento del feto implica una cesárea. Así, el niño no queda con secuela neurológica alguna.

¿QUÉ TIPO DE ANESTESIA?

Una cesárea debe desarrollarse siempre en un quirófano. Son posibles tres técnicas para aplicar anestesia: la peridural, espinal y la anestesia general.

En caso de intervención de urgencia

A menudo, los médicos recurren a una anestesia general (salvo si aplicaron una peridural). De hecho, ésta permite operar con una demora más rápida. Usted verá a su hijo un poco después, en la sala de recuperación, después de la operación.

En caso de cesárea programada

Se aplica generalmente una anestesia espinal (ver pp. 64-65). Entonces usted estará consciente y sentirá que la tocan, desde luego, ¡sin sentir dolor alguno! Pero no verá nada porque la zona operada quedará oculta por una sábana colocada verticalmente. Lo que interesa es que el niño sea colocado contra usted desde que nace, si se porta bien. A menudo, se le autorizará al padre permanecer al lado de usted. Después, usted pasará a la sala de recuperación para la vigilancia posoperatoria, durante dos horas, con su bebé y su pareja. Al igual que con cualquier parto, se vigilarán sus sangrados y la adaptación de su bebé al nuevo mundo. Al salir de la anestesia, se le darán medicamentos contra el dolor.

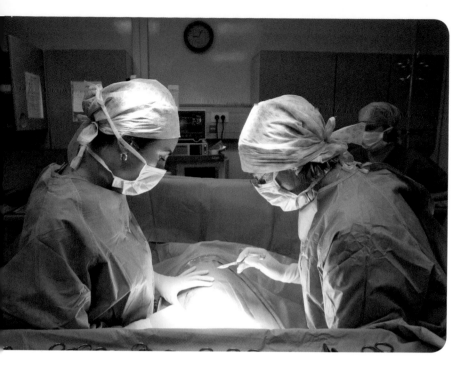

y sufre menos molestias después de la operación. Desde el día siguiente, está de pie y puede ocuparse de su bebé.

La técnica clásica

Cuando ya se tuvo una cesárea, los tejidos pueden estar más fibrosos, más duros y pegados unos a otros. Entonces el cirujano se ve obligado a recurrir, así sea parcialmente, a la técnica clásica (con instrumentos). Por lo general, hace una incisión por arriba del pubis para que la futura cicatriz quede disimulada dentro de los vellos púbicos (se hace lo mismo con la técnica de Cohen). La operación dura poco más de una hora, y cerrar los tejidos y recoser lleva un poco de tiempo. Las suturas (o grapas) se retiran seis días después de la intervención.

UNA OPERACIÓN SIMPLIFICADA

De algunos años a la fecha, la técnica se ha simplificado. En la mayoría de los casos, se utiliza la técnica llamada de Cohen, por el nombre del cirujano que la actualizó.

La técnica de Cohen

En vez de servirse de bisturí, tijeras y pinzas, para las diferentes etapas (para abrir los planos sucesivos), el cirujano emplea esencialmente sus dedos. No utiliza el bisturí más que en tres instancias para hacer "piquetitos" (pequeños agujeros) en los diferentes tejidos que están sobrepuestos. Pasa sus dedos por esos piquetitos y separa ampliamente los tejidos para dejar pasar la cabeza del bebé. Así se abren sucesivamente la piel, la aponeurosis (que constituye la solidez de la pared), el peritoneo (que rodea las vísceras del abdomen) y el útero.

Esta técnica ofrece varias ventajas: la intervención es rápida (no dura más de tres cuartos de hora), la mujer que da a luz pierde menos sangre

UNA CONVALESCENCIA BASTANTE RÁPIDA

Independientemente del modo de operación utilizado, usted podrá reunirse con su bebé en cuanto haya salido del quirófano o en cuanto despierte después de una anestesia general. Usted podrá darle pecho, sonreírle, hablarle, tocarlo. Al día siguiente de la cesárea, usted estará en condiciones de levantarse y de desplazarse con rapidez si fue operada según la técnica de Cohen, y un poco después tras una intervención según la técnica clásica.

Con todo, durante varios días usted sentirá dolores y tendrá dificultades para usar el excusado antes del tercer día. Pero cualquier operación del abdomen conlleva estas molestias.

Dar a luz a gemelos

Dar a luz a gemelos requiere un equipo médico realmente completo: aun cuando todo marcha bien, el entorno es un poco impresionante. No dude en plantear todas sus dudas al obstetra antes del gran día para conocer todos los detalles, variables según el hospital. Vivirá usted tanto mejor este momento emocionante, aunque agotador…

¿POR VÍA NATURAL O POR CESÁREA?

Aun cuando tiene lugar en un entorno de mayor seguridad, el parto de gemelos se desarrolla a menudo sin problemas mayores, es decir, por las vías naturales. En lo esencial, lo que determinará el modo de parto será la posición de los dos bebés en el útero. Cuando resulta obligatoria la cesárea, generalmente el obstetra la programa con anticipación. En este caso el parto tiene lugar alrededor de las 38 semanas de amenorrea, con mayor antelación que si se trae al mundo a un solo niño.

En caso de presentación cefálica

La mejor situación es aquella en la que el primer gemelo tiene presentación cefálica; entonces importa poco la posición del segundo. En este caso, en general, la madre da a luz por las vías naturales.

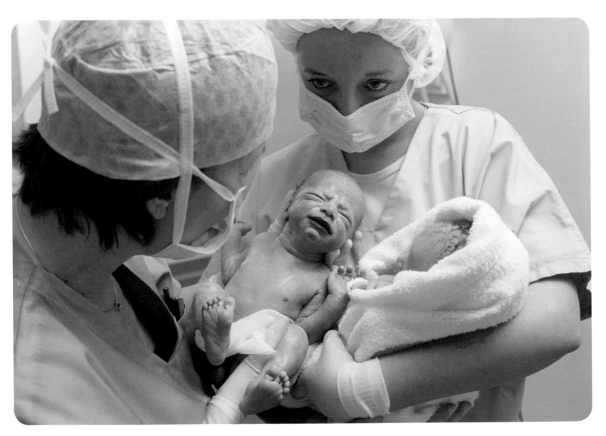

En caso de presentación sentada

Cuando los gemelos se presentan en posición sentada, algunos hospitales autorizan un parto por las vías naturales; sin embargo, no son la mayoría. En cambio, cuando el primer gemelo se presenta sentado y el segundo cefálico, la única opción posible es la cesárea. Dando a luz de manera natural podría producirse un enganchamiento de los mentones que detendría definitivamente el avance de los gemelos: un accidente excepcional, pero fatal para los dos bebés.

Cuando sólo hay una placenta y una bolsa

En 3% de estos casos, los gemelos se desarrollan compartiendo una sola bolsa y una sola placenta. En esta situación, rara, se programa de manera sistemática una cesárea para evitar un enmarañamiento de los cordones durante el nacimiento.

UN ENTORNO DE ALTA SEGURIDAD

Para evitar cualquier incidente, la traída de los gemelos al mundo se desarrolla en un marco de alta seguridad, en presencia de un obstetra. Aun cuando parece que todo irá bien, por las vías naturales, usted tendrá derecho a condiciones de parto un poco particulares. Por lo tanto, no se sorprenda, tanta atención no significa que haya un problema…

La seguridad de un quirófano

Hasta que el cuello se haya dilatado completamente, usted permanecerá en la sala de parto. Pero, en ciertos hospitales, la fase de expulsión, en particular, tendrá lugar en el quirófano. Será transferida ahí justo antes de que empiece usted a pujar. Esta precaución permite realizar una cesárea de urgencia, si resulta necesaria. De hecho, llega a ocurrir que, después del parto del primer gemelo, el obstetra se vea obligado a hacer una cesárea para el segundo: en todo caso, es excepcional. Mientras el parto

se desarrolle por las vías naturales, su compañero puede estar presente y brindarle su apoyo.

¡Todo un equipo para usted!

A partir de este momento, numerosas personas se reúnen a su alrededor: dos obstetras (para usted y los dos bebés), una enfermera y un anestesista con su enfermera. ¡No se deje impresionar! Todo este pequeño mundo está presente para cuidarla a usted y a sus hijos. En caso de necesidad, cada uno tiene un papel que jugar, pero en realidad es raro que todo el equipo deba intervenir. Usted puede elegir a un interlocutor privilegiado para seguir las instrucciones, por ejemplo el ginecoobstetra que la ha acompañado.

PUJAR POR PARTIDA DOBLE…

Desde el punto de vista físico, dar a luz a gemelos resulta necesariamente más agotador. Cuando comienza la fase de expulsión, sus bebés en verdad necesitan de su ayuda. Usted tendrá que pujar dos veces. En una primera fase usted pujará para el primer bebé. En cuanto nace, el ginecoobstetra responsable del parto se lo presenta. Al mismo tiempo, otro ginecoobstetra le mantiene el vientre en una posición adecuada para que el segundo mantenga una dirección correcta y salga a su vez. Porque el descanso es de corta duración. El ginecoobstetra ya la está examinando para ver cómo se presenta el segundo bebé. Normalmente, el profesional rompe la fuente de este niño y le pide a usted que puje de nueva cuenta. ¡Y he aquí su otro gemelo que llora a su vez!

…¡hasta el alumbramiento!

Luego del nacimiento de sus hijos, como en todo alumbramiento, se expulsa la placenta. Sus gemelos están sobre su cuerpo o son llevados a la sala de cunas a recibir cuidados, acompañados por su papá. Si usted estaba en el quirófano, usted misma regresará pronto a la sala de parto… Si se le ha hecho una episiotomía, sólo hay que esperar a que quede terminada la sutura del periné.

Cuando cada uno se descubre

En cuanto nace, incluso antes de que sea cortado el cordón, el bebé es colocado sobre el vientre de su madre. Helo aquí, forzosamente diferente a la idea que usted se hacía de él. Usted lo mira, lo toca; él quizá ya busca su seno. Estos primeros contactos, que combinan emoción y fatiga, preceden a los cuidados médicos y al baño efectuados por las enfermeras.

EL PRIMER ENCUENTRO CON LA MADRE…

Cuando todo sale bien, como sucede en la mayoría de los casos, el personal médico presente en el parto deja que el bebé que acaba de nacer se adapte libremente a la vida al aire libre sobre el vientre de su madre. Ahí reencuentra su calor, su olor, los ruidos de su corazón, su voz y también la de su padre.

Usted tiene todo el tiempo para observarlo y tocarlo. Cierto, no se parece al angelito de la publicidad, tiene la piel un poco violeta y muchas veces arrugada, aunque de modo progresivo se vuelve rosa. Por otra parte, a usted quizá no le parece necesariamente hermoso. Sin embargo, usted lo devora con los ojos, siente su cuerpo y respira su presencia. Él también va conociéndola. Puede que ya busque su seno, moviéndose a su manera hacia arriba, sobre su vientre. Dado el caso, chupa algunos mililitros de calostro, esa secreción muy nutritiva que precede a la leche. Su boca conoce por instinto el movimiento de succión.

Tres días para declararlo

Aunque esté viviendo la alegría de descubrir a su bebé, no debe olvidar declarar su nacimiento al registro civil. En México puede hacerlo desde que el bebé nace hasta los seis meses de edad. Puede registrarlo la madre, el padre o cualquier persona mayor presente en el parto, ya sea en la alcaldía o en la maternidad ante un oficial del registro civil. El acta de nacimiento se establece sobre presentación:

● de la cartilla familiar (o de una identificación);
● de un certificado de nacimiento del médico o de la partera que llevó a cabo el parto.

En el caso de México, acta de matrimonio de los padres (si no están casados, el acta de nacimiento de cada uno); identificación oficial de los padres (original y copia) y comprobante de domicilio.

Se registrará el día, la hora y el lugar de nacimiento, el sexo, los apellidos y nombres del niño, así como los apellidos, nombres, fechas de nacimiento, domicilios y profesiones de los padres.

…Y CON EL PADRE TAMBIÉN

Si el padre asistió o no al parto, los primeros instantes con su hijo le parecerán siempre muy breves. En cuanto nace, el niño es colocado sobre el vientre de su madre, y después el ginecoobstetra, o el padre, corta el cordón umbilical. En general, se les da un poco de tiempo al bebé y a sus padres para que comiencen a descubrirse. Entonces, ya es hora, una enfermera se lleva al bebé a sus primeros cuidados (pp. 84-85), y después a su primer baño, en el que el padre podrá participar. Estos primeros instantes son muy intensos.

¿Cortar o no el cordón?

Cuando el personal médico ha ligado el cordón con pequeñas pinzas (ver p. 85), el padre, si así lo desea, puede cortarlo unos instantes después. Según los psicólogos, el padre, al cortar el cordón umbilical, participa simbólicamente en la llegada del niño al mundo y ayuda a separarlo de su madre. Pero cada quien le dará o no un valor tal a este gesto. Si el padre no tiene ganas de cortar esa materia un poco gelatinosa, basta con decir "no" y dejar que lo haga el ginecoobstetra. Nadie se lo tomará a mal. Un gesto igualmente simbólico, marcando también la apertura al mundo, sería el tomar al niño del vientre de su madre para confiárselo al obstetra que le dará los primeros cuidados.

EL PRIMER BAÑO

Puesto que la madre misma es objeto de atenciones, ella no asiste a la primera limpieza del bebé, efectuada por el obstetra, salvo si se realiza en la sala de parto, como se practica en ciertas maternidades. El padre, quizá, sí participe en este primer baño.

Los primeros cuidados del bebé

Hecho está… Para usted, el parto ha terminado y por fin descubre a su pequeñín. Usted va a permanecer cerca de dos horas bajo la vigilancia estrecha del equipo médico. Sólo después regresará a su habitación. Durante este tiempo, su bebé va a beneficiarse de los primeros cuidados indispensables para su confort y su seguridad.

CINCO MINUTOS… Y TODO CAMBIA

Para su bebé, todo comienza… En menos de cinco minutos, se adapta a la vida autónoma, al aire libre. Su sistema respiratorio y su circulación sanguínea se vuelven eficaces muy rápidamente. Sin embargo, esto supone que entren en juego mecanismos complejos. Justo antes de nacer, el feto sigue viviendo de la sangre de su madre, vía el cordón umbilical. Sus pulmones no funcionan. No existe circulación sanguínea entre el corazón y los pulmones, y es la placenta la que asegura los intercambios entre la sangre de la madre, rica en oxígeno, y la sangre del bebé, cargada de gas carbónico. El nacimiento constituye pues un gran trastorno para el organismo del bebé.

Algunos segundos para verificar que todo marcha bien

Para verificar el buen desarrollo de la adaptación del organismo del bebé, el personal médico utiliza el índice de Apgar, llamado así por el apellido del anestesista estadounidense que lo desarrolló. Se aplica a 1 minuto y, después, a los 5 minutos. Dura unos segundos y consiste en una simple observación. El médico o la partera observan el tono muscular del recién nacido, su coloración, sus movimientos, su respiración, y toman su frecuencia cardiaca palpando el cordón umbilical. Así pueden detectar una posible anomalía.

Si es necesario, se aspiran el líquido y las flemas que pudieran obstruir los pulmones del recién nacido y se le administra oxígeno. Mediante esta reanimación de urgencia, se evitan posibles lesiones al cerebro.

LAS PRIMERAS MANIOBRAS MÉDICAS

Después, el obstetra o la enfermera le limpian las fosas nasales y la garganta (faringe) con ayuda de una pequeña sonda aspirante. Le ponen gotas de colirio en los ojos para desinfectarlos. Le administran oralmente vitamina K para evitar los riesgos de una hemorragia.

Enseguida, se pesa y se mide a su hijo. En promedio, un bebé nacido a término pesa alrededor de 3.3 kg (un poco más los niños, un poco menos las niñas), pero las diferencias entre dos recién nacidos pueden ser considerables: de 2.5 kg a más de 4 kg. En cambio, la talla no varía

Primer grito, primera inspiración

En cuanto (o casi cuando) su cabeza alcanza el aire libre, el recién nacido se pone a gritar y a respirar: es el primer grito inspirador, que traduce su adaptación a la vida afuera del útero. Desde que abandona el vientre materno, el bebé tiene diversas sensaciones: frío, contacto directo con lo que lo rodea, lo que desencadena en él, mediante un reflejo nervioso, una apertura de la glotis y una contracción violenta de los músculos responsables de la inhalación. Así, se crea una fuerte depresión en el tórax, que provoca una entrada de aire: es la primera inhalación. Después tiene lugar la primera exhalación, cuando la glotis queda parcialmente cerrada: es el primer grito.

En ausencia de grito al nacimiento, en la mayoría de los casos, basta una estimulación manual o una ventilación con máscara para provocarlo.

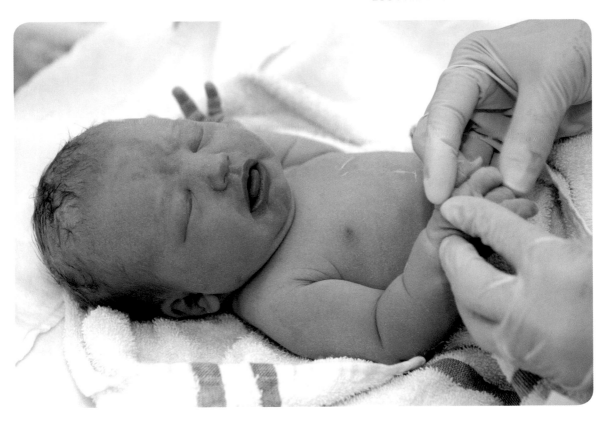

casi nada de un bebé a otro, y fluctúa a lo mucho de 3 a 4 cm en relación con la media general, que es de 50 cm. Por último, se mide la circunferencia de su cabeza, o perímetro craneal (fotografía inferior). En general, con una variación promedio de un centímetro, es de 35 cm. Desde luego, son indicadores promedio.

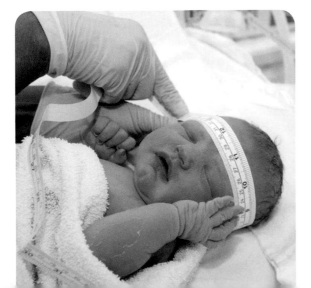

●LA LIGADURA DEL CORDÓN

Efectuada por el médico del parto o la partera, la ligadura del cordón umbilical rompe el lazo entre el niño y la placenta. De inmediato, la sangre que proviene del corazón del recién nacido debe pasar por los vasos sanguíneos pulmonares para encontrar ahí el oxígeno que hasta entonces le proporcionaba la sangre de su madre, vía la placenta. Se abre entonces la arteria pulmonar, provocando el cierre de diversos canales que aseguraban la circulación sanguínea del feto sin pasar por los pulmones. De esta manera se establece la circulación corazón-pulmones del recién nacido. Su tinte, que era más bien azulado, se vuelve rosa. Pero no se asombre si su corazón aún late muy rápidamente (de 120 a 160 latidos por minuto, en promedio), casi dos veces más rápido que el de un adulto. Igualmente, es normal que su respiración sea un poco irregular (a veces profunda, a veces más superficial y más o menos rápida); seguirá así durante todo su primer año.

Las preguntas que se hace usted

"¿El niño siente dolor cuando se corta el cordón umbilical?"

Cortar el cordón umbilical no le hace daño ni al bebé ni a la madre porque está desprovisto de nervio. De hecho, quizá sea el padre quien se sienta más incómodo al cortarlo —pero nada lo obliga a hacerlo—, ya que el cordón puede ser un poco duro de cortar. En cosa de segundos, el obstetra o la partera lo liga... usted no tiene siquiera tiempo de decir "uf" y ya estuvo.

"Se habla a menudo de las 'competencias' del recién nacido. ¿Qué significa esto?"

Desde la década de 1970, el conocimiento que se tiene del recién nacido dio un salto enorme hacia delante. Desde entonces, ya nadie duda de que se trata de una persona en toda la extensión de la palabra, que nace con todos sus sentidos, aunque ciertos sentidos están más desarrollados que otros. Por ejemplo, escucha mejor de lo que ve, y es por eso que reacciona más a los sonidos que a las personas que se le acercan. Escucha al grado de poder saber de dónde proviene tal o cual ruido. Parece preferir los sonidos graves a los agudos.

Si su visión es borrosa, evoluciona muy rápidamente. Al nacer, el bebé ve las formas que están de 20 a 30 cm, pero sin percibir realmente sus colores. Puede decirse que ve en "blanco y negro". A una distancia menor, o más importante, todo se vuelve borroso para él. No percibe un rostro como usted, pero reacciona sobre todo a los contrastes, a las variaciones luminosas, a lo que es brillante o rojo. Habrá que esperar que su bebé tenga un año de edad para que su visión alcance el nivel de la de un adulto... Para él, el campo visual no será completo hasta después de varios años.

Por otra parte, el bebé es muy sensible a los contactos corporales. Él también sabe tocar, pero no con las manos. Al principio, es con los labios, su lengua, sus mejillas, que este recién nacido hace contacto físicamente con su madre para tomar pecho. Por último, ya tiene un olfato y gustos bien afirmados. Parecería que, desde el nacimiento, sabe diferenciar los olores agradables de los desagradables. Visible a través de sus mímicas, la distinción que opera entre olores "buenos" y "malos" es casi semejante a la que haría una gran mayoría de adultos. Distingue igualmente, sin dificultad, los sabores (azucarado, salado, ácido y amargo). Y se sabe que su preferencia va casi siempre hacia lo azucarado.

"Me parece que la forma de su cráneo es un poco curiosa."

Las suturas del cráneo de un recién nacido no han soldado, lo que permitirá el crecimiento de la caja craneana. El cráneo queda modelado en función del tiempo del trabajo de parto, de su presentación y de la forma de su pelvis. Esto forma parte de los acomodos fetales durante el parto. Quizá su bebé tiene una cabeza alargada, en "pan de azúcar", o bien es un poco asimétrica o presenta un pequeño "chipote". No se inquiete, en cosa de unos días ya no se verá.

La utilidad de la vacunación

Vacunar a su hijo es esencial para su salud… y la de los demás. De hecho, se trata de un acto de salud pública a la vez familiar y solidario que salva miles de vidas cada año. Las contraindicaciones son raras (por ejemplo, déficit inmunológico). Todo padre que se niega a que su hijo reciba una vacuna obligatoria se arriesga a sanciones. Si su hijo padece fiebres o enfermedades, basta diferir la fecha prevista de la vacuna, respetando siempre un lapso de 4 semanas entre las inyecciones. Y no olvide los refuerzos, sin los cuales las vacunas podrían ser ineficaces.

"El estado de su piel me inquieta un poco… ¿Qué debo hacer?"

A menudo, la piel de un recién nacido no tiene el aspecto que una se imaginaba, pero no por ello requiere de cuidados particulares. Lo más probable es que sus pequeñas imperfecciones desaparezcan por sí solas. Por ejemplo, es normal que la piel sea muy roja, o incluso un poco violácea y seca sobre las manos y los pies, pues las extremidades todavía están arrugadas por su larga estadía en el líquido amniótico. Un día o dos después del nacimiento, se pela en pequeñas tiras, pero vuelve a ser suave cuando se le masajea con una crema hidratante. A menudo, un vello negro fino más o menos denso, el lanugo, cubre los hombros, la espalda, los miembros y las orejas del bebé: comenzará a desaparecer a partir de la segunda semana. Sobre la nariz y el mentón, aparecen a veces pequeños granos blancos del tamaño de una cabeza de alfiler, llamadas "milium". Formadas por masas sebáceas, son reabsorbidas en algunas semanas. A este respecto, nuevamente, no hay por qué inquietarse…

"Cuando tomo a mi bebé en mis brazos, me da miedo tocarle sus fontanelas y lastimarlo."

En el recién nacido, los diferentes huesos que constituyen su cráneo aún no han soldado entre sí, y están separados por membranas cartilaginosas llamadas "fontanelas". Existen dos fontanelas, de aspecto diferente: las parteras las utilizan como señalamientos para definir la posición de la cabeza del bebé en la pelvis, durante el parto. La fontanela pequeña, o fontanela posterior, se encuentra en la parte de atrás del cráneo y no siempre es palpable. La gran fontanela, o fontanela anterior, se encuentra al frente del cráneo, hacia la cima, y se reconoce por su forma de rombo. Cuando el niño llora, usted podrá observar que late o que se abomba. Pero no tema, sus membranas son resistentes. Se osifican progresivamente a lo largo de un periodo que dura de 6 a 24 meses.

El examen del recién nacido

Tras algunas horas de reposo o el día después del nacimiento, el pediatra del hospital examina minuciosamente al recién nacido y verifica el buen estado de sus reflejos. Si usted está presente, es una oportunidad para comenzar a familiarizarse con el cuerpo de su hijo y para descubrir algunas de sus capacidades.

DE LA CABEZA A LOS PIES

En las primeras horas después de su nacimiento, el bebé es pesado y medido. Después de varias horas de reposo, o al día siguiente, un pediatra se dedica a examinar muy detalladamente todo el cuerpo de su hijo. En particular su piel, pero igualmente sus orejas, la nariz, los ojos, la boca y el ano, el cuello y la columna vertebral. Ausculta bien sobre el corazón y los pulmones, palpa el abdomen y revisa el estado del cordón umbilical restante. Observa el sexo y, para un niño, confirma que los testículos hayan descendido bien a sus bolsas. El pediatra se interesa también en los miembros y en sus articulaciones para detectar por ejemplo una posible fractura de la clavícula. En ocasiones, los miembros inferiores de los recién nacidos presentan igualmente una deformación ligada a la posición de las piernas dentro del útero. Por último, verificará la ausencia de luxación congénita de la cadera.

¿Y EL SISTEMA NERVIOSO?

Después de haber examinado al recién nacido en todos sus aspectos físicos, el médico practica un examen neurológico. Este último le dará una idea de la madurez de su sistema nervioso. El pediatra evalúa, entre otros aspectos, el vigor muscular del recién nacido.

Cierto número de reacciones automáticas traducen el buen estado neurológico del recién nacido. Estos reflejos, calificados como primitivos o como primarios, desaparecen en el transcurso de los primeros meses después del nacimiento.

El reflejo de agarre (grasping reflex)

Si uno coloca sus dedos en las palmas de un bebé, los agarra con tal fuerza que se le puede levantar durante algunos instantes.

Los reflejos de succión y deglución, y el reflejo de los puntos cardinales

Son los diferentes reflejos que van a permitirle al recién nacido alimentarse. La capacidad de mamar del recién nacido se acompaña con un movimiento de "excavación" de su boca, en busca del seno materno, y de una capacidad para orientar la boca a la derecha o a la izquierda, hacia arriba o hacia

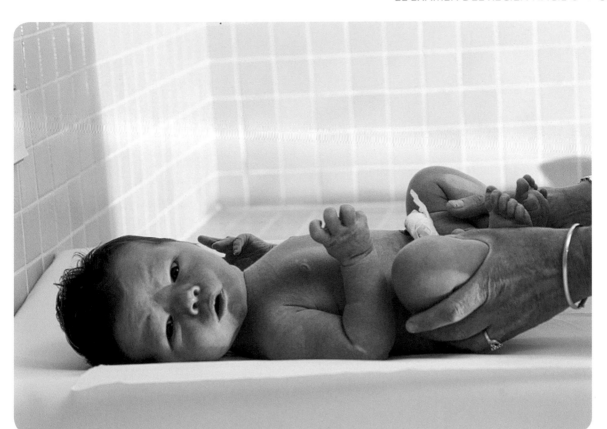

abajo: si se toca una de las comisuras de su boca, sus labios se mueven hacia ese lado.

El reflejo de Moro

Si se sostiene al bebé acostado y se le suelta súbitamente la cabeza, abre los brazos y los dedos poniéndose a llorar y después retrae los brazos en posición de abrazo.

La prueba de caminata

Si se sostiene al recién nacido erguido sobre una superficie plana, ¡se endereza y desplaza sus piernas una delante de la otra!

LAS PRUEBAS DE PREVENCIÓN

En el hospital, todos los recién nacidos también se benefician de una serie de exámenes médicos preventivos. Su objetivo es detectar posibles enfermedades hereditarias, cuyos efectos serán menos graves si se les trata lo antes posible. Cuando el niño de pecho tiene 5 días de edad, se examina así, de manera sistemática, la fenilcetonuria (debida al déficit de una enzima y que implica para el niño un régimen alimenticio especial) y el hipertiroidismo, enfermedades que provocan progresivamente un retraso mental. El examen preventivo de la fibrosis poliquística o de las enfermedades hereditarias de la hemoglobina se lleva a cabo con el consentimiento de los padres, si existen antecedentes familiares.

Todos estos exámenes preventivos requieren de un análisis sanguíneo. Para hacerlos, la enfermera pica al recién nacido con una pequeña aguja en el talón, y toma algunas gotas de su sangre. Para la fenilcetonuria (prueba de Guthrie) y el hipertiroidismo, la recoge sobre un papel secante especial y lo manda al laboratorio de análisis. Al menor problema, usted será debidamente informada de los resultados, aunque ya haya regresado a casa.

Las primeras tomas de pecho

Los pocos días que pase en el hospital le darán oportunidad de aprender a dar pecho, porque amamantar requiere de cierta técnica y, por lo tanto, de orientación. Aproveche su estancia para hacer partícipe de sus dudas al personal médico, de manera que vuelva a casa con el máximo de respuestas.

En la sala de parto…

En lo ideal, el primer "contacto-toma de pecho" se hace en las dos horas que siguen al nacimiento. Deje que su bebé llegue solo a su seno, para que descubra instintivamente la toma de pecho. Las tentativas de ayuda, muy comunes, a menudo tienen por consecuencia perturbar al niño, e incluso llevarlo a negarse a tomar el seno. Puede ponerse a llorar y entonces su lengua se pega a su paladar y ya no queda en canal bajo el seno.

Si su hijo no toma pecho correctamente al principio, no se altere. ¡Tendrá muchas otras ocasiones para enseñarle! No olvide que usted no está obligada a ningún "resultado" en esta primera toma de pecho, pero recuerde que este momento de intimidad es muy importante.

…y en las horas que siguen

Su bebé tiene necesidad de reponer sus fuerzas porque su nacimiento fue una auténtica prueba física y duerme mucho. Sin embargo, los senos deben ser estimulados para favorecer el descenso de leche. De hecho, el número de tomas de pecho y la eficacia de la estimulación durante los primeros días favorecen la producción de leche para toda la duración de la lactancia. Entonces, no dude en incitar suavemente a su bebé a tomar el pecho. Péguelo contra su cuerpo: su olor y el contacto con su piel pueden despertar en él ganas de tomar pecho.

Obsérvelo para reconocer los primeros signos que indiquen su disponibilidad para buscar el seno. Los movimientos rápidos de los ojos indican que está en un sueño ligero (¡una puesta en el seno cuando está en sueño profundo está destinada al fracaso!); el movimiento de los labios y de la lengua, el llevarse las manos a la boca, los ruidos de succión y los movimientos de su cuerpo son otros tantos indicios que le permitirán saber que su bebé está listo para tomar pecho.

Cambie de seno varias veces durante la lactancia; ponga a su hijo en vertical sobre su hombro (para que haga en su momento un eructo); no lo cubra demasiado, cambie su pañal.

Duración y frecuencia de la lactancia

No hay una duración "normal" para una toma de pecho. Puede ir de 10 minutos (dos veces 5 minutos) a 40 minutos (dos veces 20 minutos), o más… Todo depende de la calidad de la succión del bebé y de la del flujo de la mamá. Irá reconociendo una succión eficaz: los primeros movimientos van a ser rápidos, después amplios, y escuchará que su bebé deglute con regularidad después de uno o dos movimientos. Las mejillas se inflarán al estar llenas de leche en cada succión.

El calostro: un auténtico concentrado de leche

El calostro está completamente adaptado a las primeras necesidades de su bebé. Muy laxante, facilita la eliminación rápida del meconio (las primeras evacuaciones), limitando así los riesgos de icteria del niño de pecho. Muy rico en grasas, en azúcares, en sal y en proteínas, le permite al bebé no padecer hipoglucemia (baja del nivel de azúcar en la sangre) o deshidratación. Además, contiene una fuerte concentración de sustancias que tienen propiedades antiinfecciosas y que estimulan el desarrollo del sistema inmunitario.

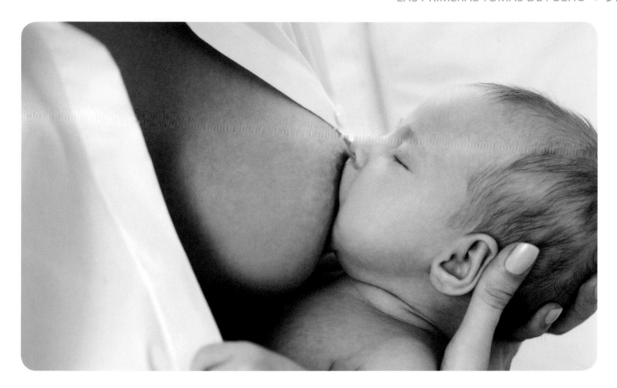

Al final de la toma de pecho, las pausas entre las succiones serán cada vez más largas. Usted podrá sentir auténticas ganas de dormir o una sensación de sed. También, cada vez que dé pecho, tenga a la mano un vaso grande de agua.

En cuanto al ritmo de las amamantadas, pasará algún tiempo antes de que se estabilice: al principio, el niño de pecho quizá se duerma sin estar totalmente saciado, lo que llevará a una nueva exigencia de su parte poco tiempo después. Poco a poquito, la situación se estabiliza algún tiempo después de haber regresado a casa.

● POSICIONES PARA DAR PECHO

Su posición y la de su bebé son esenciales para el buen inicio y establecimiento de la lactancia.

Acostada de lado

Es aconsejable para la noche y para que usted descanse, en caso de cicatriz de episiotomía o de cesárea. Acuéstese sobre su costado, con la cadera bien elevada y apoyada sobre un cojín. Coloque su cabeza sobre una almohada a fin de tener la nuca

bien extendida. Instale al bebé en su cama, con la boca a la altura del pezón, con su cara volteada hacia su seno y su vientre contra el suyo. Ponga un cojín debajo de su espalda para evitar que gire hacia atrás y quede boca arriba.

Instalada en un sofá

Si le es posible, utilice un cojín diseñado especialmente para dar pecho (lleno de bolitas de hule espuma), que le permita acomodarse con su bebé. Siéntese en el sofá, de manera que pueda echar el busto hacia delante sin esfuerzo, con las piernas levantadas. Instale a su bebé en el hueco de su brazo, con el vientre de él contra su cuerpo, y su cara de frente al seno.

Sentada sobre una silla

Levante los pies sobre un pequeño taburete o un cojín grueso, para que sus rodillas queden más elevadas que sus caderas; puede cruzar las piernas. Si le conviene, deslice un cojín entre el respaldo y la parte alta de su espalda, para que no tenga que inclinarse hacia su hijo. Coloque al bebé en el hueco de su brazo, sobre cojines, para que quede a la altura del seno, con todo su cuerpo contra el suyo.

El primer biberón

Porque le resulta más conveniente, desde el nacimiento usted decidió darle biberón a su bebé. El hospital le proporcionará biberones listos para usarse y le indicará cómo prepararlos y dosificarlos una vez que regrese a casa. El padre y usted aprenderán muy rápidamente a alimentar a su bebé de esta manera.

La leche para niños de pecho

Las leches para lactantes constituyen el alimento de los bebés alimentados con biberón, aproximadamente hasta los seis meses. Son elaboradas a partir de leche de vaca, adaptada a la fisiología del recién nacido, y su composición está estrictamente reglamentada. Existe una gran variedad de estas leches, la mayoría en forma de polvo. Será el pediatra del hospital quien le indicará el que mejor le conviene a su hijo.

Pasando los cuatro meses, pueden darse "leches de seguimiento". Obedecen a las mismas reglas de fabricación que las leches para lactantes, pero están enriquecidas con ácidos grasos esenciales y, obligatoriamente, con hierro.

Los primeros biberones

En la maternidad, los biberones serán preparados sin que usted tenga que preocuparse de ellos. De vuelta en casa, para hacer los biberones bastará con que usted respete las dosis prescritas en la maternidad (30 ml de agua adaptada para lactantes por una dosis de leche, cuidando de colocar el agua antes que el polvo). Después, un pediatra le indicará las dosis a seguir, o posibles cambios.

Al ritmo del bebé

Al principio, dé el biberón cuando se lo pida el bebé, en vez de apegarse a un horario demasiado preciso, pero respetando siempre un lapso de dos horas y media entre cada biberón, lo que dura la digestión. Por consiguiente, los primeros biberones son irregulares tanto en el tiempo, como en la cantidad. Algunos recién nacidos beben 10 g por biberón; otros toman 40 g. Al bebé le harán falta algunos días de aprendizaje para que encuentre su ritmo. En promedio, usted tendrá que dar seis o siete biberones por día; las raciones aumentarán poco a poco según el apetito del lactante.

LAS MANIOBRAS CORRECTAS PARA DAR EL BIBERÓN

Instálese usted cómodamente, en posición semi-sentada, y tranquila: su bebé debe sentirla relajada. Tome entonces a su bebé sobre sus rodillas, ni muy acostado ni muy erguido, y colóquelo en el hueco de su brazo, con la cara hacia usted. Apoye el brazo que lo sostiene sobre un cojín o el brazo del sillón en el que está sentada.

Colocar bien el biberón

Presente el chupón suavemente, sin esperar que el bebé chupe de inmediato; necesita de un poco de tiempo.

Asegúrese de que siempre esté lleno de leche, que no trague aire (las burbujas indican que chupa bien). En cada interrupción, haga que suelte un eructo, levantándole su cabeza. Si el chupón ya no deja pasar leche, afloje un poco la rosca para que entre aire.

Variar el flujo

Cada bebé bebe a su ritmo, con o sin pausa, y más o menos rápido. Si el suyo bebe muy rápidamente, no dude en retirarle el biberón, con suavidad, para que no se ahogue. Por otra parte, existen chupones que permiten variar el flujo (graduado 1, 2 o 3), según la posición en que se le presentan al bebé (girándolos). Después de comer, cámbielo si está sucio y espere 15 minutos antes de acostarlo de nuevo. A menos que se quede dormido con el chupón en la boca.

Los eructos del bebé

Al tomar pecho, el bebé casi no traga aire y por lo tanto, en general, no tiene necesidad de un eructo para expulsarlo. En cambio, al darle biberón, ¡no podrá evitar usted el ritual del "prup prup prup"!

Usted puede esperar a que termine su biberón o hacer una pausa a medio camino, ayudarle a lanzar su primer eructo, y seguir adelante hasta el fin, antes de un segundo eructo. Este método incrementa su confort y también puede atenuar los reflujos si son frecuentes.

Un bebé que necesita lanzar un eructo y que no logra hacerlo se retuerce, hace muecas y manifiesta su "malestar", probablemente con algunos gemidos.

Algunas mañas por si el eructo no llega

● Coloque a su bebé con el vientre contra su hombro, palmeándole muy suavemente la espalda o dándole masaje.

● Intente también frotarle suave pero con rapidez la parte baja de la espalda (teniendo al bebé sentado, por ejemplo).

● Si el eructo tarda demasiado y hay que acostar al bebé, éste acabará llorando para expresarle su molestia; bastará entonces volver a tomarlo en brazos y ayudarle a lanzar su eructo.

Las preguntas que se hace usted

"¿Cómo saber si mi bebé ya bebió suficiente?"

Un bebé con buena salud, que tiene una succión eficaz, encontrará de manera natural el ritmo de toma de pecho que le conviene. En promedio, un recién nacido bebe entre ocho y 12 veces por día. La cantidad de leche depende de la frecuencia de las tomas de pecho y de la eficacia de la succión del bebé. Las tomas de pecho cortas y frecuentes estimularán más su producción láctea que las tomas de pecho largas pero poco numerosas.

Al cabo de algunas semanas, sus senos estarán menos llenos y menos distendidos. Esta flexibilidad indica que su producción láctea se adapta a las necesidades de su bebé. Para estar segura de que la succión del pequeño es eficaz, verifique si su bebé moja cinco o seis pañales por día y si hace por lo menos dos a cinco evacuaciones por día. Las cantidades de evacuaciones pueden disminuir a partir de la sexta semana, y es normal.

Cuidado con el bisfenol

Las investigaciones actuales alertan sobre la toxicidad de ciertos derivados de la petroquímica presentes en la composición de los biberones de plástico, en particular el bisfenol A. Si tiene usted dudas sobre la composición de sus biberones de plástico, sobre todo si son de segunda mano, adquiera nuevos, de preferencia de vidrio. Por otra parte, cambie con regularidad los chupones de hule, que se alteran con el tiempo, a diferencia de los chupones de silicón.

"¿Es posible dar pecho a gemelos?"

Al igual que todos los cuidados prodigados a los gemelos, amamantar puede ser particularmente agotador, más aún cuando todas las tareas se multiplican con la llegada de gemelos. La frecuencia de las tomas de pecho, que puede alcanzar hasta 10 tomas al día, puede representar hasta ocho horas de amamantamiento por día. Difícil, pues, encontrar tiempo para respirar.

Sin embargo, es completamente posible alimentar de pecho a sus gemelos con la condición de que consiga ayuda para todas las demás faenas, para no acumular demasiada fatiga. Para alimentarlos, son posibles diversas soluciones: darles pecho por separado o juntos. Combinar seno y biberón también puede ser una buena fórmula. Esto, en particular, le permite a cada hijo estar sólo contra su madre; durante este tiempo, por ejemplo, el padre da el biberón. Esto representa un buen arreglo para instaurar un lazo materno individual con cada recién nacido. Por otra parte, esos biberones "de emergencia" bien pueden contener leche materna.

En todos los casos, si una no llega a darle pecho a sus gemelos, no debe sentirse culpable.

"¿Cómo pueden aliviarse las grietas?"

Las grietas se deben a una posición incorrecta del bebé al seno durante la toma de pecho, o a una piel que queda demasiado húmeda o que se seca demasiado rápidamente, o también al empleo de ciertas cremas o jabones que sensibilizan la piel. Entonces se irrita el pezón y corre el riesgo de agrietarse, como una cortadura, e incluso puede llegar a sangrar.

Para remediar esto, verifique su posición al dar pecho y la de su bebé ante el seno, cambie la postura de su bebé a cada toma de pecho durante los primeros tres días, seque delicadamente los pezones después de cada toma de pecho, sin frotarlos, y elimine los demás factores irritantes. Si así lo desea, puede proteger el pezón con una crema a base de lanolina anhidra purificada y portar conchas para ventilar las cortaduras y ayudar a que la grieta cicatrice. Para prevenir o limitar las grietas, un truco consiste en poner algunas gotas de leche materna sobre el pezón, después de haber limpiado la saliva del bebé.

"¿Qué hacer en caso de hinchamiento de los senos?"

El hinchamiento es un fenómeno transitorio debido a una producción excesiva de leche, que se da generalmente entre el tercer y quinto día después de la bajada de la leche y cuando el ritmo de las tomas de pecho aún es un poco irregular. Afortunadamente, en general, este fenómeno no dura más de uno o dos días. Entre tanto, cierto número de trucos pueden aliviar estos dolores.

● Antes de dar pecho, coloque una compresa de agua caliente sobre la areola o colóquese encima de un platón de agua caliente. Masajes ligeros de los senos mientras el bebé toma pecho también ayudan a que salga mejor la leche.

● También, después de dar pecho, usted puede colocarse bolsas de gel refrigerante sobre el pecho o usar cubos de hielo en una pequeña bolsa de plástico o compresas de agua helada, interponiendo una tela sobre la piel (hay que limitar la humedad, que irritaría la piel).

● Use un sostén para dar pecho con correas anchas y sin dobleces de plástico. Considere que la presión puede reavivar el dolor. No vista prendas estrechas o pegadas que frotarían contra su pecho sensible.

● No se vea tentada a saltarse una toma de pecho porque siente dolor. Mientras menos pecho tome el recién nacido, más se hincharán sus senos.

● Exprímase un poco de leche, a mano, antes de dar pecho, para reducir el hinchamiento. La leche comenzará a fluir y su pezón adoptará una forma más fácil de colocar para el pequeñín.

● Modifique la posición del bebé con cada toma de pecho. Esto permite vaciar todos los canales excretores y contribuye a aminorar el dolor.

"¿Cómo debo recalentar un biberón?"

Existen varias posibilidades. La más sencilla es el baño maría, pero cuide de no olvidar la olla sobre el fuego ni de calentar demasiado la leche. Asimismo, pero con un termostato y un minutero, el calentador de biberones eléctrico puede resultar práctico. También puede utilizar el microondas, pero verifique bien la temperatura de la leche con relación al recipiente y cuide también que tiempo e intensidad sean adecuados en función de la cantidad de leche. Para esta forma de calentado, prefiera biberones de vidrio a fin de evitar la degradación y la liberación de ciertos componentes del plástico en la leche.

los primeros días

El seguimiento de la mamá

El primer objetivo de los pocos días que usted pasa en el hospital apunta a que su bebé y usted regresen a casa con buena salud. También son la ocasión para obtener consejos muy útiles, por ejemplo, para los cuidados que debe darle a su propio cuerpo.

¿QUIÉN LA APOYA A USTED?

Durante su estancia en el hospital, los obstetras son sus principales interlocutores: le ayudan a echarse a andar por el camino de la lactancia, y están presentes para todas las preguntas relativas al lazo con su bebé, y las interrogantes que plantea su nueva maternidad.

No dude en plantearles todas las preguntas que le preocupan.

Las enfermeras tienen a su cargo los cuidados de la cicatriz de la episiotomía o de la cesárea o de los posibles sueros. También está presente un equipo de auxiliares de enfermería y de asistentes, para atenderla a usted y a su bebé. En el sector

privado, el obstetra con el que dio a luz y que le dio seguimiento durante su embarazo puede pasar a verla durante su estancia pero, si todo va bien, usted volverá a verlo más bien hasta la visita posnatal, seis u ocho semanas después.

LOS DIFERENTES CUIDADOS DE LA MAMÁ

La supervisión básica

Después del parto, el obstetra se informa con regularidad de la importancia de sus sangrados y verifica la involución de su útero (es decir, su retracción progresiva). Él vigila su pulso, su presión arterial y su temperatura, y, si se le hizo una episiotomía, revisará su buena cicatrización.

Los cuidados y la higiene después de una episiotomía

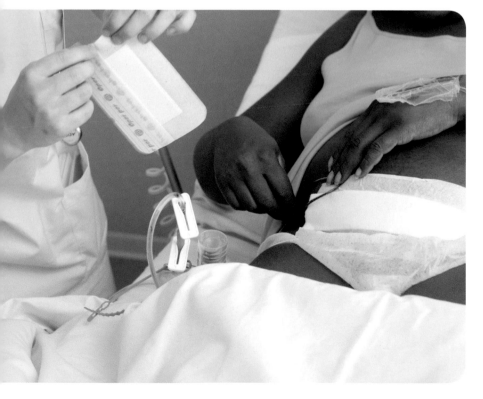

Al principio, generalmente es la enfermera quien se ocupa de su higiene íntima. Después usted toma el relevo lavándose con agua tibia, con jabón suave (se le indicará qué producto usar) dos veces por día. Para secar la cicatriz, tóquela suave-mente; usar una secadora de cabello es totalmente inútil. Por último, para evitar una posible infección, no olvide lavarse siempre las manos antes, y después cambiar sus toallas higiénicas con regularidad.

A menudo, durante los primeros días, le impresionará a usted su cicatriz: son las suturas las que le dan ese aspecto hinchado. Con un pequeño espejo, usted puede observarla y darse cuenta de que está menos extendida de lo que la hacían creer sus sensaciones.

Al principio, en general, la episiotomía conlleva estiramientos, piquetes o puntos dolorosos cuando se mueve. La posición acostada de lado sigue siendo la más cómoda. La situación mejora después de algunos días, y aún más después del retiro o la absorción de las suturas. Verter agua tibia o fría sobre la cicatriz puede tener un efecto tranquilizante.

Evite sentarse sobre un asiento pequeño. Quizás esto le dé alivio en el momento, pero esto puede congestionar toda el área, cosa que no ayuda. Use más bien un cojín blando, y trabaje su periné mediante ejercicios alternando pequeñas contracciones y relajación a fin de reforzar y flexibilizar a la vez la cicatriz.

Si tuvo usted una cesárea

Los primeros días, la enfermera le administra analgésicos (contra el dolor), al principio mediante un suero, y después por vía oral en cuanto usted se siente mejor y tiene menos molestias. Durante las primeras 24 horas, usted sigue con la sonda urinaria (una sonda en la vejiga) que se le colocó justo antes de la intervención, para permitir que al cirujano no le estorbe la vejiga (ya que el útero se encuentra justo detrás de ella). La sonda urinaria es necesaria durante el primer día, ya que prosigue el efecto de la peridural y no le permite sentir las ganas de orinar. De lo contrario usted estaría en riesgo de verse con la vejiga llena sin darse cuenta de ello. En general, se retira la sonda el día después de la intervención (esto no es doloroso). El mismo día, la enfermera también hace una toma de sangre para verificar el nivel de glóbulos rojos y detectar una posible anemia. Si éste fuera el caso, el médico le recetará un tratamiento a base de hierro y de ácido fólico, a seguir durante dos meses.

Los cuidados

Se coloca un apósito fino sobre la cicatriz (fotografía de la página anterior); se cambia al tercer día, y después cada dos días. En general, las suturas o las grapas se retiran el día de su salida.

Se administra un tratamiento anticoagulante por vía subcutánea, para evitar una flebitis (coágulo en las venas). El piquete es común y el tratamiento dura de una a tres semanas en función de su movilidad y de sus factores de riesgo. Le serán prescritas medias de compresión venosa. Esta prevención es necesaria, ya que el periodo posnatal y la cesárea favorecen riesgos de flebitis. El médico le dará una receta para que usted pueda seguir el tratamiento una vez que haya salido del hospital.

Levantarse

Usted podrá levantarse a partir del día siguiente pero, imperativamente, con la ayuda y bajo la supervisión de una enfermera. Sus primeros pasos serán quizás algo titubeantes debido a los estirones dolorosos de la cicatriz y de una cierta aprehensión: se teme, sin razón, que las suturas (puntadas) se zafen. Pero, a partir del segundo y tercer día, estará más a gusto. En cambio, tendrá que esperar a estar nuevamente alerta para darse una ducha. Tome en cuenta, también, que sus intestinos podrían tardar un poco en volver a la normalidad.

La duración de la estancia en el hospital

Si usted tuvo un parto por vía vaginal, estará de cuatro a cinco días en la maternidad, y en algunos establecimientos, sólo tres. Si tuvo una cesárea la estancia durará de seis a siete días. Sin embargo, puede acortarse a 48 horas, con un seguimiento de hospitalización a domicilio, que se prolongaría por lo menos hasta el octavo día.

Cómo superar su fatiga

Independientemente de la duración de su hospitalización, aprovéchela para que pueda descansar, recuperarse del parto y darse tiempo para descubrir a su bebé con la ayuda y el apoyo del personal que la atiende. Vigile su alimentación y limite un poco las visitas.

PARA RECUPERARSE BIEN

Alimentarse bien

Una buena alimentación y reposo durante el día deberían poco a poco disminuir su fatiga. Asegúrese de beber bien y de comer equilibradamente: durante su embarazo se hizo de buenas costumbres, siga por ese camino. Para combatir la fatiga, y para mejorar su condición física en general, es importante hacer tres comidas equilibradas por día. Y si las comidas de la maternidad no están a la altura, ¡su pareja podrá llevarle algo para complementar sus menús y darle gusto!

Dormir en cuanto sea posible

Haga un esfuerzo por recuperarse en cuanto sea posible. Es indispensable otorgarse momentos de reposo durante el día. Desde luego, se verá obligada a seguir los ritmos de su bebé: entonces, aproveche al máximo sus siestas, por la mañana y por la tarde. Descuelgue el teléfono si es necesario, notificando a las enfermeras, porque sus conocidos seguramente estarán buscándola… Si le cuesta trabajo conciliar el sueño, recuéstese intentando relajarse.

¿Dejar a su bebé en la guardería?

Algunas maternidades ofrecen la posibilidad de dejar al bebé en una guardería a fin de que la madre pueda beneficiarse de algunas noches reparadoras (o incluso de momentos de calma durante el día). Esta elección es del todo personal. Sin embargo, es importante reflexionar antes de tomar esta decisión. Usted ya no está sola. Su bebé tiene necesidad de estar cerca de usted, y

contra usted, porque usted es su ancla. También, en usted, esta proximidad va a desarrollar muy rápidamente una vigilancia inconsciente.

Usted va a integrar todo lo que es normal —silencios, ruidos, movimientos, expresiones de su bebé—, incluso cuando usted misma esté dormida. Esta vigilancia permite una reactividad y una confianza temprana.

Si su fatiga es realmente demasiado importante, no dude en dejarse ayudar por el personal y pedirle a su pareja permanecer 24 horas sobre 24 con usted para tomar el relevo preservando esa proximidad afectiva, que da seguridad a su bebé.

Si usted elige dejar a su bebé una o dos noches para dormir mejor, exija que la despierten si las enfermeras no calman sus llantos, o para alimentarlo.

Por último, si usted está dando pecho, parece difícil confiarlo de noche. El hecho de levantarse para ir a buscar al bebé en su cuna o de no tener que ocuparse de cambiarlo le permitirá en sí descansar, entonces no lo dude, llame a las enfermeras.

En todos los casos, acostúmbrese desde el hospital a pasar por lo menos una noche con su bebé antes de volver a casa: el equipo médico le será de gran ayuda para comprender mejor sus exigencias y sus comportamientos.

ORGANIZAR BIEN LAS VISITAS

Desde luego, sin duda usted tendrá ganas de mostrarle su pequeña maravilla al mundo entero… Pero después de un parto, siendo que la fatiga es

importante, no le encantará siempre la perspectiva de tener un desfile incesante de parientes, amigos, cuando no colegas. No encontrará forzosamente la energía o el tiempo para prepararse a recibirlos.

Tome en cuenta también que el hecho de una estancia en un medio hospitalario (el caso es menor en una clínica) ya supone seguir un ritmo de visitas un poco "impuestas": enfermeras, parteras, médicos, solicitud y distribución de alimentos, fotógrafo que le ofrece sus servicios, etcétera.

Platiquen entre ustedes

En todo lo que concierna a los anuncios y la organización de las visitas, apóyese en su pareja, porque usted misma estará demasiado ocupada con su bebé.

Además, usted tiene que aprovechar al máximo estos días para reposar, y estar con su bebé y su pareja. Revise con él quiénes son los parientes o amigos que en verdad quiere recibir.

Elegir sus horarios

En una situación ideal, sería preferible que usted esperara un poco antes de anunciar la buena noticia a todos los que sean susceptibles de pasar sin avisar, olvidando que su habitación no es un espacio público.

Estar unas horas en la intimidad con su pareja y su bebé será preciado para usted y le permitirá saborear mejor esta felicidad tan nueva. Antes de recibir a los visitantes, tómese tiempo para asegurarse de estar en forma y para ver qué pasa con el bebé. Si usted da pecho, con mayor razón necesitará de muchos momentos de intimidad.

No dude en proponer a los impacientes esperar a su regreso a casa. De manera general, las tardes son más propicias para las visitas, porque a menudo las mañanas están consagradas a los cuidados y al seguimiento. También, tome en cuenta que a menudo, al final del día, su bebé estará cansado y que usted misma ya no tendrá la menor energía…

Un día del bebé en el hospital

Durante el curso de su estancia en el hospital, médicos, parteras y enfermeras van a ayudarle a vivir lo mejor posible los días que siguen al nacimiento y a trabar conocimiento de su bebé. También, van a asegurarse de que todo marche bien para el niño, que será objeto de una supervisión muy atenta.

LOS PUNTOS QUE SE SUPERVISAN A DIARIO

Las enfermeras y el equipo médico vigilan particularmente dos factores: ¿el bebé come bien? ¿Su aparato digestivo funciona como debe? Para confirmarlo, observan cada día la evolución de su peso, la consistencia y el aspecto de sus evacuaciones, pero también el color de su piel para detectar una posible ictericia (amarillamiento de la piel y los ojos). Todas ellas, precauciones para asegurar que el recién nacido goza de buena salud.

La evolución de su peso

Durante los primeros cinco días, el recién nacido pierde en general hasta 10% de su peso de nacimiento (350 g, por ejemplo, para un bebé de 3.5 kg). Esto se debe a tres razones principales: elimina los excesos de agua presentes al nacimiento; sus riñones aún inmaduros no concentran suficientemente sus orinas; sus necesidades energéticas aumentan de manera considerable, al punto que las calorías aportadas por la leche materna (el calostro) o por el biberón no alcanzan para hacerlo subir de peso. Después, a partir del sexto día, comienza a recuperar en promedio 30 g por día. Al cabo de ocho a 15 días, normalmente, ya recuperó su peso de nacimiento.

El aspecto de sus evacuaciones

Las evacuaciones deben ser objeto de una atención para verificar la ausencia de diarrea o, por el contrario, de constipación. Los dos primeros días, son verduscas, casi negruzcas y pegajosas: es el meconio, compuesto por bilis y mucosa. A partir del tercer día, se tornan más claras, y, si el bebé se alimenta de pecho, amarillo dorado y grumosas, en ocasiones líquidas. Habitualmente, el recién nacido hace evacuaciones a cada toma de pecho si usted se lo da, y una o tres veces al día si se le alimenta con biberón. La cantidad de evacuaciones también informará sobre las tomas de pecho. Como la leche materna contiene al principio muy pocos residuos, la presencia de evacuaciones constituye una buena señal, incluso aunque el pequeñín todavía no suba de peso.

La detección de una posible ictericia

En los primeros días después del nacimiento, ocurre que la piel y el blanco de los ojos están un poco amarillos: es la ictericia del recién nacido. Esta ictericia banal le ocurre a 20 a 30% de los recién nacidos a término y a 70 a 90% de los prematuros. Después de haberse desarrollado hasta el cuarto o quinto día, disminuye, para desaparecer en una o dos semanas. Este problema se debe a un incremento en la sangre de uno de los pigmentos de la bilis (bilirrubina). El hígado del bebé aún no sabe fabricar la enzima que permite

Iniciarse en los primeros cuidados del bebé

Sin duda, el día después del parto, el baño del bebé será efectuado directamente en presencia suya, por una enfermera que se tomará tiempo para enseñarle y explicarle cada maniobra. Por consiguiente, es aconsejable que el padre participe al menos una vez en el baño, a fin de ser autónomo en casa.

transformar la bilirrubina para evacuarla en la orina. Sin embargo, bastan algunos días para que el hígado del pequeñín produzca esta enzima y que la bilirrubina ya no se concentre en la sangre.

El control de la glicemia

En ocasiones se controla la glicemia (cantidad de azúcar en la sangre) del recién nacido: si es prematuro, si tuvo un retraso de crecimiento intrauterino o, a la inversa, si está muy obeso con una madre diabética. El control de la glicemia puede realizarse en varias ocasiones. Porque a un bebé, en los primeros días, no debe faltarle azúcar, este carburante indispensable para su desarrollo, y, en casos de hipoglucemia (cantidad de azúcar insuficiente), se beneficiará con cuidados particulares. Para realizar este examen, la enfermera pica al niño con una pequeña aguja y recoge una gota de sangre sobre una cinta reactiva; el resultado es inmediato.

La cartilla de salud: un documento valiosísimo

La cartilla de salud es entregada a cada mamá el día del nacimiento de su bebé. Esta cartilla debe ser llenada por los médicos que lo examinarán, durante las visitas obligatorias o en ocasión de los exámenes que se le harán al niño al correr el tiempo. Por lo tanto es indispensable cuidarla y llevarla a cada cita médica. En la cartilla se anotan con regularidad las informaciones que conciernen a la evolución del peso del niño, de su talla, de su desarrollo psicomotor, de su alimentación, etc. Las enfermedades contraídas, los resultados de exámenes, los tratamientos prescritos son igualmente consignados, así como la vacunación.

La formación de los lazos

Desde que nace, el bebé reconoce a su madre y se vuelve instintivamente hacia ella. La madre, por su parte, en ocasiones necesita de un poquito más de tiempo para establecer lazos muy fuertes con su hijo. Pero, muy rápidamente, la relación de amor se intensifica: mamá y bebé, progresivamente, quedan más y más sintonizados entre sí.

Para la madre, un amor que crece poco a poco

En algunas mujeres, el bebé suscita desde el nacimiento un impulso muy grande y casi una forma de maravilla en la medida en que parece listo para recibir y para dar todo el amor del mundo… Se ven auténticamente "fulminadas" por su bebé. Para otras, los lazos se dan de manera

El lugar esencial del padre

En los primeros meses, el papel del padre es primordial, ya que va a contribuir a construir y a mantener un entorno seguro y estable para su bebé y para usted. El padre es un actor esencial de la nueva familia que se está construyendo, puede suavizar las tensiones (cuando el bebé despierta, o llora, por ejemplo) y permite al bebé experimentar otras sensaciones al contacto con este segundo progenitor. Su presencia le será de gran ayuda y usted podrá apoyarse en él en caso de duda o de agotamiento.

menos espontánea. Algunas pasan por una fase de desilusión o por una especie de sensación de extrañeza con respecto al bebé, las más de las veces temporal: no lo reconocen y no encuentran en él la semejanza ni con sus propios rasgos, ni con los del padre. El bebé imaginado se ha vuelto bien real, e inevitablemente la madre debe olvidar la imagen que se hacía de él. Mientras más vagas hayan sido sus fantasías, menos estará presente el riesgo de una desilusión y más rápida se dará la aceptación del niño tal como es.

En general, la mayoría de las mamás ven evolucionar sus sentimientos en los tres días que siguen al nacimiento, y van sintiendo un afecto creciente. Mientras más disponible y curiosa se vea la madre hacia su hijo, más rápidamente se reforzarán los lazos por sí mismos.

Para el bebé, necesidades fundamentales de contactos

De cierta manera, ¡es su bebé el que va a empujarla a amarlo sin reservas! Totalmente dependiente de usted, va a manifestar de todas las formas posibles que usted es indispensable para su bienestar. Usted es el centro de su vida, y él se lo demuestra. Esta "pulsión de estrechamiento de lazos" de la que hablan los psicoanalistas es indispensable para la supervivencia del bebé. Y va mucho más allá de la satisfacción de sus necesidades elementales, tales como alimentarse, por ejemplo. Incluye una gran necesidad de contacto físico y psíquico con usted: estar pegado a usted, escuchar su voz, percibir su olor. Un recién nacido vive en un mundo inquietante, ya que todo es nuevo para él: la luz, las sensaciones de frío y de calor, ¡incluso el hecho de evacuar o de tener hambre! Cuando

lo carga usted entre sus brazos, usted siente cabalmente hasta qué punto la necesita y cuánto le da seguridad su presencia. Entonces, usted a su vez siente una emoción intensa, un gran amor, aun si el hecho de sentir su dependencia casi total puede por instantes producirle temor.

El consuelo en sus brazos

Desde luego, usted no entiende siempre todo lo que le pide su bebé, aún le cuesta trabajo interpretar todas las señales que él le envía. Pero lo esencial es que, en sus momentos de angustia, encuentra el consuelo en sus brazos. Cada vez que usted responde a los llamados de su bebé, usted no sólo satisface una necesidad inmediata, también lo lleva a descubrir que no llora en el vacío, que puede contar con usted, que su malestar no va a durar. Un bebé tiene una necesidad enorme

de seguridad. Ésta es la condición con la que, más adelante, fortalecido en la certidumbre de que usted lo ama y lo protege, encontrará en sí mismo la confianza suficiente para, progresivamente, volverse un poco más autónomo.

Momentos propicios para los cambios

Cuando el bebé está calmado (periodo de vigilia tranquilo, ver p. 115), con los ojos grandes y abiertos, y cuando respira con calma, es cuando está en mejor disposición para cambiarlo. Detecte este momento y corresponda usted a su espera, con palabras, sonrisas y mimos.

Las preguntas que se hace usted

"Todo marchó bien, mi bebé está en forma excelente, mi marido está radiante... Y sin embargo, no dejan de brotarme lágrimas de los ojos."

Cerca de 60 a 80% de las madres jóvenes sienten pequeñas rachas de "tristeza existencial" después del parto y nada puede ser más desconcertante. De hecho, se supone que usted debe vivir el momento más hermoso de su vida.

Generalmente, este síndrome se presenta hacia el tercer día después del parto y a menudo sólo dura algunos días. En ocasiones, no excede de algunas horas. Este pasaje depresivo se vive mal, y tanto más porque a usted le resulta inexplicable. Los médicos se dieron cuenta de que ocurría en un momento particular, el de la baja brutal de la concentración de hormonas progestacionales, hormonas cuya presencia es muy elevada durante el embarazo. Algunos evocan también un contragolpe debido a todas las angustias que precedieron al parto. Sobre todo, no considere esas lágrimas como una prueba de debilidad. Se presentan sin que una las espere, y el equipo de la maternidad, acostumbrado a estos momentos de melancolía, está ahí para ayudarla.

Esta pequeña depresión pasajera no debe ser confundida con la auténtica "depresión del posparto", que es mucho más rara y dura varios meses. Si su ansiedad y sus crisis de lágrimas perduran, si se ve asaltada por un sentimiento de culpabilidad intensa, o si está usted convencida de ser incapaz de ocuparse de su hijo, no se encierre en sí misma. Comente lo que le ocurre para que rápidamente se encargue de usted un especialista. Una vez identificadas, y con el seguimiento adecuado, usted puede ser curada de estas depresiones del posparto.

"¿Cuándo podré volver a bañarme?"

Justo después del parto, es preferible darse duchas. De hecho, no hay que ignorar los riesgos de infecciones, mientras su cuerpo no se haya recuperado totalmente. Es prudente esperar a que las cicatrices de la episiotomía o de la cesárea queden bien cicatrizadas.

En un mes, volverá a disfrutar el placer de un baño. El agua caliente podrá aliviar los pequeños dolores residuales. Por otra parte, usted ya se habrá coordinado con su bebé y aprovechará mejor este momento de relajación que se brindará.

Si se ve usted tentada a darse un baño antes de este periodo, pídale consejo al obstetra que le dio seguimiento. En caso de cesárea, hay que esperar el visto bueno de su obstetra.

En todos los casos, asegúrese de que su tina esté impecablemente limpia, es un punto importante que no debe descuidarse.

"Tengo calambres en el vientre, sobre todo cuando doy pecho... Como si aún tuviera contracciones..."

Las contracciones —y las sensaciones desagradables que provocan— no se detienen con la llegada del recién nacido. Prosiguen hasta la retracción completa del útero, pero reciben entonces el nombre de "cólicos uterinos".

De hecho, el útero, que pesa aproximadamente 1.2 kg después del parto, debe volver a su peso normal (50 g), así como a su posición normal dentro de la pelvis. Usted puede seguir esta evolución colocando la mano justo debajo del ombligo. Los primeros días, el obstetra o la partera palpará su útero a través de su vientre para supervisar esta involución uterina. Si siguiera estando grande y blando, ella le indicará que lo masajeen, o le dará un medicamento que refuerce estas contracciones posnatales a fin de evitar los riesgos de sangrados y sobre todo de infección futura por retención de restos placentarios posnatales. Normalmente, después de un mes y medio, el útero ya no puede palparse de esta manera.

Los cólicos, o entuertos, se sienten más dolorosamente a partir del segundo parto o después del nacimiento de gemelos. De igual manera, se acentúan durante la lactancia ya que la toma de pecho desencadena la secreción de oxitocina, la hormona responsable de las contracciones.

Si se requiere, le será indicado un analgésico ligero, a base de paracetamol, pero los dolores deberían desaparecer por su cuenta después de cuatro a siete días.

"Di a luz hace varias horas y aún no puedo orinar."

La mayoría de las madres que acaban de dar a luz tienen dificultades para ir al baño durante las primeras 24 horas. Numerosas razones explican esto. La capacidad de la vejiga aumenta repentinamente y por lo tanto la necesidad de orinar es menos frecuente. La vejiga pudo quedar en posición forzada por el parto o por la presión ejercida por el feto. Los medicamentos o la anestesia han atenuado la sensibilidad de la vejiga o la rapidez de la madre para responder a las señales físicas de su cuerpo. Los dolores al nivel del piso pélvico, que crean espasmos reflejos en la uretra, así como los edemas al nivel del periné, tienen una tendencia a impedir el vaciado de la vejiga. La sensibilidad de la zona suturada después de una episiotomía o de un desgarre provoca sensaciones de ardor y dolores cuando la orina fluye sobre la cicatriz.

Numerosos factores psicológicos bloquean también la eliminación de la orina: miedo de sentirse mal, ausencia de intimidad en el hospital para orinar en un cómodo en posición acostada o si hay que hacerse acompañar al baño.

Sin embargo, beba todo lo que pueda. Si tiene necesidad de intimidad, pídale a la enfermera (o a quien la asista) que espere afuera del baño.

A menudo, al cabo de 24 horas, las pocas ganas se transforman, al contrario, en una necesidad urgente de orinar con frecuencia y en gran cantidad para eliminar el agua acumulada en el cuerpo durante el embarazo.

"¿El bebé sonríe desde que nace?"

El bebé sonríe muy pronto. Se habla a menudo de mímicas que semejan sonrisas, durante un éxtasis de saciedad, por ejemplo, pero no hay que reducir las sonrisas a meros movimientos reflejos. El recién nacido ya está dotado de capacidades de relación. Si usted dedica tiempo a estar con él, a hablarle, a mirarlo, él le sonreirá. ¡No dude de que está consciente de lo que le rodea y respóndale de la misma manera!

Vestir a su bebé

Durante las primeras semanas, las sesiones de vestir no son siempre algo fácil. Entonces, para hacerse la vida más llevadera, opte por prendas que se ponen y se quitan fácilmente, y prefiera las aberturas grandes dotadas de presiones. Pero lo más importante de todo en la elección de ropas de bebé es que no tenga ni demasiado frío ni demasiado calor.

¿QUÉ PRENDAS ESCOGER PARA EL PEQUEÑÍN?

Las capacidades de regulación térmica de su bebé son insuficientes para permitirle adaptarse a los cambios bruscos de temperatura. Por lo tanto, antes que nada lo importante es que no tenga ni demasiado frío ni demasiado calor. La temperatura ambiente debe situarse alrededor de 20° C.

Una cuestión de temperatura

Usted puede ponerle a su bebé una capa más de ropa de las que usted misma se pone, ya que pasa la mayor parte del tiempo durmiendo, y no se mueve. Sin embargo, dentro de una casa, un recién nacido no necesita estar totalmente envuelto. Cuide sobre todo que su vientre esté bien cubierto y que sus prendas interiores no sobresalgan por debajo de su ropa. Las prendas

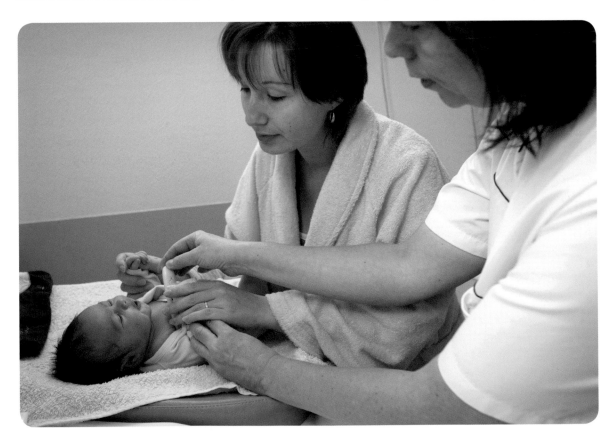

de una pieza, o "mamelucos", que se cierran en la entrepierna, evitan este inconveniente. Además, permiten cambiar al bebé con facilidad, sin darle tiempo a que sienta frío. En invierno, puede ponerle además una camiseta de tela caliente (lana, seda, etcétera).

Sobre todo, prendas prácticas para él

A los bebés les gusta patalear a su gusto y no aprecian estar apretados dentro de su ropa. Cuide sobre todo que los cuellos y los puños sean amplios. Al principio, para comodidad de su hijo, evite las prendas que se ponen por la cabeza, aquellas (cada vez más raras) que se cierran con alfileres de seguridad y, desde luego, la presencia de listones que pudieran enrollarse alrededor del cuello.

¿CÓMO VESTIR Y DESVESTIR A UN BEBÉ?

Entre sus brazos tan blandos, sus piernas replegadas, su cabeza demasiado grande para los cuellos de la mayoría de sus prendas… Vestir y desvestir a un niño de pecho no es fácil. Tanto más porque no le gusta estar completamente desnudo. Sin embargo, existen reglas elementales para que esta tarea sea menos delicada.

● Elija prendas que se pongan y se quiten fácilmente, las que son de tejidos extensibles, por ejemplo.

● Prefiera las aberturas grandes que cierran a presión. Además, este tipo de cierre, en la entrepierna, facilita cambiar al bebé.

● Opte igualmente por prendas con mangas bastante amplias.

● Vista a su bebé sobre una superficie plana (mesa de planchado o cama), y a su altura, usted tiene que estar perfectamente cómoda.

● Abra bien el cuello con sus manos antes de colocar una prenda por la cabeza. Más que jalarla, extiéndala.

● Pase su mano por dentro de las mangas de las prendas que quiere ponerle y así busque las suyas,

Los materiales buenos

Elija usted de preferencia materiales suaves no irritantes como el algodón, la tela esponjada o materiales sintéticos que no hagan pelusa y no rasguen.

Puede ponerle prendas de lana a su bebé pero tenga cuidado con las fibras de hebras largas que podrían desprenderse y tragarse. Piense siempre en la comodidad del bebé, que debe poder patalear a su gusto.

en vez de tratar de empujar sus pequeños brazos al interior de las mangas.

● Cuando cierre o abra usted una abertura con cierre, separe la prenda del cuerpo de su bebé a fin de evitar pincharle la piel.

● Para cada toma de pecho, piense en usar un babero grande o una toalla a fin de evitar tener que cambiar a su bebé cada vez que regurgita un poco.

ALGUNOS HÁBITOS EFECTIVOS PARA DAR MANTENIMIENTO A SUS PRENDAS

● Piense en echar las prendas que son nuevas a la lavadora antes de ponérselas a su bebé por primera vez.

● Localice las etiquetas y córtelas al ras (¡pero recuerde las instrucciones de lavado!), ya que su contacto puede irritar la piel del niño de pecho.

● Tenga la costumbre del canasto de ropa sucia "especial para bebé", y evite mezclar sus cosas con las de toda la familia. Así, reducirá los riesgos de algún contagio. Por la misma razón, prefiera las "máquinas" reservadas exclusivamente para ropa de bebé.

● Para la limpieza de su ropa, utilice un jabón hipoalergénico. En cuanto a suavizantes, mejor olvídelos, a menudo son alérgenos para el niño de pecho.

La tarea del cambio

Durante los primeros meses, su pequeñín tiene necesidad de ser cambiado con mucha regularidad. Antes o después de los alimentos, cada vez que manifiesta su molestia llorando, o cuando un olor la ponga sobre aviso, no dude, esto le permitirá evitar manchas rojas e irritaciones.

¿Cuándo cambiarlo?

Durante los primeros seis meses, en promedio, es indispensable cambiarle el pañal a su bebé seis veces al día. Antes o después de comer, las dos opciones son posibles. Algunas mamás, que titubean en cambiar a su bebé después de darle pecho, prefieren cambiarlo antes. Temen que vaya a regurgitar parte de lo que comió y que su digestión sea irregular. Otras esperan al final de la toma de pecho porque a menudo el bebé hace evacuaciones mientras se alimenta. Más vale entonces que esté limpio antes de dormirse.

Claro, si el bebé evacua, poco importa el momento, cámbielo antes de que se lo haga saber, llorando.

Doblar

Suba la mitad del pañal que rebasa por entre sus piernas. Las partes anterior y posterior del pañal deben estar al mismo nivel, es decir, aproximadamente al nivel de su cintura. Si el cordón umbilical aún no ha cicatrizado, con cuidado, doble la parte superior del pañal debajo del ombligo.

Cerrar

Despegue la protección de las cintas autoadhesivas, acerque la parte posterior del pañal y fije las extensiones adhesivas. ¡Atención! No hay que apretar demasiado porque su bebé estará incómodo; el pañal tampoco debe ser demasiado grande, porque, si es así, ¡cuidado con las fugas!

CAMBIO, MODO DE EMPLEO

Usted cambiará a su bebé después de cada evacuación, para evitar la irritación de la piel y los eritemas en las nalgas. Lave su trasero con una bolita de algodón, con agua limpia. Lo enjabonará cuando lo bañe. Trabaje siempre de adelante hacia atrás a fin de no ensuciar los órganos genitales, sobre todo si es una niñita.

Deslizar el pañal

Coloque al bebé sobre la espalda, con las nalgas y el sexo limpios y bien secos (la limpieza se hace con un algodón o un guante húmedo y leche). Levántele las nalgas y deslice debajo de él la parte del pañal en la que están los adhesivos. Cerciórese de colocar bien al bebé al centro del pañal. El pene del varoncito deberá apuntar hacia abajo, para evitar las fugas intempestivas al nivel de la cintura.

¿QUÉ TIPO DE PAÑALES?

Los pañales desechables

Se presentan bajo dos formas: pañales sencillos y cambios completos. Los segundos son más prácticos para usted. Son pañales en algodón de celulosa, que envuelven el trasero y se fijan mediante dos cintas adhesivas. Una parte del pañal, la que no está en contacto con la piel, está recubierta con una película plástica. El poder de absorción no es función del espesor del colchón y difiere según las marcas. Existen tallas diferentes de pañales completos en función de la edad, del peso del niño y de la utilización para el día o la noche. Para la noche, si su bebé orina mucho, usted puede duplicar el cambio completo de un pañal sencillo de algodón con un pañal completo de talla superior.

Si su bebé se muestra alérgico a pañales completos, puede utilizar pañales especiales de

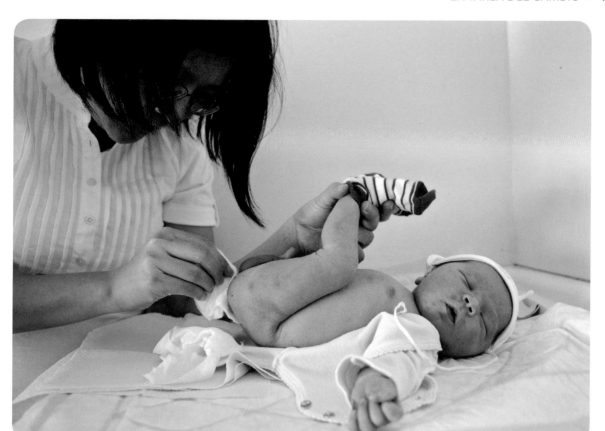

algodón hidrófilo (en tiras o pañal completo), a la venta en farmacias.

Los pañales lavables

Usted también puede elegir pañales lavables, más económicos y más respetuosos del medio ambiente. De hecho, los pañuelos desechables no son biodegradables y representan una parte importante de la basura. Además, su costo no es desdeñable. Los pañales lavables están compuestos de tres partes:

● Un pañal lavable: en tela, es la parte absorbente del pañal.

● Un calzoncillo de protección impermeable; en ciertos modelos, está integrada al pañal. El mismo calzoncillo puede utilizarse varias veces seguidas (salvo si está mojado).

● Una hoja que puede tirarse directamente en el excusado o en el bote de basura, que es una hoja de protección para retener las evacuaciones.

¿Mesa, colchón o ropero?

Mueble de planchado, mesa para poner los pañales y la bañera, colchoneta para los pañales. Los accesorios y el mobiliario para bebé no faltan. Escoja lo que resulte más práctico para usted en función del lugar del que dispone, y no olvide que usted va a repetir esta operación de cambio miles de veces.

Si usted elige un mueble para poner pañales, cuide que la parte superior quede suficientemente alta a fin de no tener que agacharse y, si puede, acomódelo en un ángulo o contra el muro. Si prefiere una colchoneta para cambiar pañales que pueda ponerse donde sea, sobre un ropero, una mesa o su cama, verifique bien que la superficie de abajo no sea resbaladiza. Por último, jamás deje a su bebé sin vigilancia, ni siquiera durante un segundo, cuando lo cambia.

La limpieza del recién nacido

Aun si en el hospital usted pudo hacerse ayudar y recibir consejos, bañar a su niño de pecho, al principio, puede ser un momento estresante. Pero una vez que se haya acostumbrado a estas maniobras de cuidados, se convertirán en ocasión de vivir momentos privilegiados de intercambios, de dulzura y de juego.

¿Un baño al día?

Un baño completo no se impone forzosamente cada día. El recién nacido no se ensucia mucho, salvo las nalgas. Sólo es importante ocuparse de manera cotidiana del trasero (limpiado con cada cambio), del cordón umbilical, o de la limpieza del rostro, para prevenir o tratar los pequeños males debidos a la piel sensible de su bebé. El baño cotidiano, en sí, es facultativo. Y tanto más cuando, en las primeras semanas, a algunos recién nacidos no les gusta realmente que los bañen. En ocasiones es con el tiempo, guiados por la voz y las maniobras tiernas de su mamá o de su papá, cuando aprenden a disfrutar este momento.

CÓMO DAR EL BAÑO

Antes de desvestir a su bebé, verifique que la temperatura de la habitación esté entre 22 y 25 °C. Haga correr el agua y asegúrese de que su temperatura esté tibia (alrededor de 37 °C). Coloque de antemano una toalla sobre la mesa de

Para el cuero cabelludo

Para prevenir las costras de leche que podrían formarse sobre el cuero cabelludo de su bebé límpielo todos los días con agua y jabón. Si se han formado costras, unte su cráneo con vaselina o crema hidratante por la noche. Lave y enjuague a la mañana siguiente, y así las costras ablandadas se despegarán fácilmente.

maniobras para la salida del baño y deje otra a la mano en caso de pipí…

Limpie el trasero

Desvista a su bebé sobre la mesa para cambiar pañales. Limpie entonces su trasero con algodón y agua (o un jabón suave). Si el bebé hizo evacuaciones, se impone una limpieza más cuidada, para que el agua del baño no se ensucie.

Enjabone el cuerpo y la espalda

Enjabone directamente con las manos utilizando un jabón hipoalergénico. Limpie a su bebé de arriba hacia abajo e insistiendo en los pequeños pliegues del cuello, de las caderas, entre los dedos de las manos y de los pies. El cráneo y los órganos genitales deben ser lavados con mucho cuidado. Si se siente usted bien cómoda, también puede enjabonarlo directamente en el agua, pero esto exige de cierta destreza.

Enjuagar

Sumerja delicadamente al bebé en la tina sosteniéndole la cabeza con un brazo y agarrándolo firmemente del hombro. Póselo en el fondo de la tina y, con su mano libre, enjuáguelo. Asegúrese de que no quede jabón en los pequeños pliegues. Enjuáguele la cabeza muy suavemente a fin de no salpicarlo. Si llora cuando está acostado en la tina, intente meterlo en el agua sentado, como si tuviera las piernas cruzadas, y entonces estará quizá más relajado.

Séquelo con suavidad

En cuanto saque a su bebé del baño, envuélvalo bien con una toalla de la cabeza a los pies.

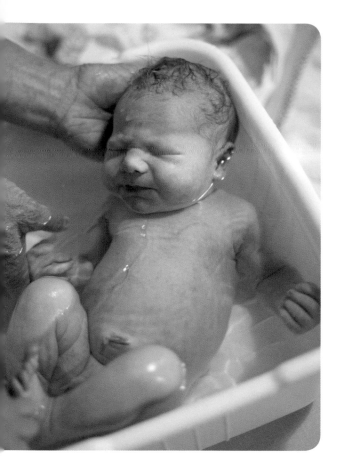

de cloruro de benzalconio para desecar. Hecha la aplicación, colóquele su pañal y vístalo.

Limpie su cara

Para limpiar la cara del recién nacido es suficiente un algodón remojado en agua. Tenga cuidado con los lugares escondidos: los pliegues del cuello y detrás de las orejas, donde pueden darse pequeñas lesiones supurantes y con costras que cicatrizan muy rápido con la eosina. Para limpiar las orejas, limpie hasta la entrada del conducto. No utilice palitos con puntas de algodón porque hay riesgo de favorecer los tapones de cera en el fondo de las orejas. Para limpiar la nariz, enrolle en mecha un poquito de algodón humedecido con suero fisiológico y pase el extremo suavemente a la entrada de las fosas nasales, cuidando de no hundirla mucho. Por último, con delicadeza, pase sobre el ojo una compresa humedecida, yendo del ángulo interno, junto a la nariz, al ángulo externo. Cambie de compresa para el otro ojo. Si tiene usted que limpiar debajo del párpado o instilar el ojo, utilice suero fisiológico.

Séquelo dándole toquecitos, pero sin friccionar. Pase con cuidado por todos los pequeños pliegues del cuello, del ano. Después, puede darle masaje con un poco de aceite de almendra dulce, una leche hidratante o un aceite de masaje.

Y DESPUÉS DEL BAÑO

Los cuidados del cordón umbilical

Después de secar a su bebé e instalarlo en la cama o cambiador, ocúpese de su cordón umbilical. El cabo de cordón que queda después del nacimiento debe secarse y caerse espontáneamente antes del décimo día. Cada día, pues, hasta que se caiga, aplíquele alcohol de 60% o cloruro de benzalconio (solución antiséptica incolora) con ayuda de un palito con cabeza de algodón o una compresa, y después una solución acuosa

Tener todo al alcance de la mano

Nunca hay que dejar a un bebé solo, ni siquiera por un segundo, sobre la mesa donde se le cambia. Por eso, antes de comenzar su limpieza e incluso antes de sacar a su bebé de su cuna, asegúrese de tener a su disposición todo el material necesario.

Para su limpieza, usted necesitará tener a su alcance:
- un jabón o líquido limpiador; hipoalergénico;
- una toalla esponjada o una bata;
- pañales;
- un trajecito de algodón;
- pijama o mameluco.

Para los cuidados, no olvide:
- compresas;
- algodón;
- suero fisiológico;
- antiséptico local tipo cloruro de benzalconio;
- una leche o crema hidratante.

El sueño del pequeñín

Un bebé duerme muchísimo, y es esencial para su salud. Sin embargo, hay que esperar algún tiempo antes de poder pasar una noche completa sin que el pequeñito la despierte. Ármese de paciencia… Y aproveche esos momentos de sueño para descansar usted también.

Silencio… ¡está creciendo!

Los periodos de vigilia del recién nacido son breves pero muy intensos, porque todo, sin excepción, es nuevo para él. Ahora ya respira y se alimenta por su cuenta, y además recibe del exterior innumerables estímulos visuales, sonoras, táctiles, afectivas… A cada instante, aprende y crece, y después se recupera de todos sus esfuerzos durmiendo. Pero el sueño no sólo le aporta descanso al bebé. También es un factor esencial para su desarrollo físico y mental.

Cuando su hijo duerme, su cuerpo segrega una hormona de crecimiento. También, los circuitos neuronales entran en funciones en ese momento, mientras que sus primeras experiencias se inscriben en él. Por eso le es tan indispensable el sueño. Así, durante los primeros días, la inmensa mayoría de los recién nacidos tiene necesidad de dormir cerca de 20 a 23 horas por día, después de 16 a 20 horas hasta la edad de 1 mes, y finalmente de 16 a 18 horas entre 1 y 4 meses.

Un ritmo guiado por el hambre

Al principio, el recién nacido raramente duerme más de tres horas seguidas. Y cuando se despierta, tiene hambre, de día como de noche. A esta edad, necesita comer de seis a doce veces por día. Será él quien fijará el número de tomas de pecho; sin embargo, espere por lo menos dos horas entre cada comida, el tiempo para que digiera la leche de la última toma de pecho. Si llora en el intermedio, intente más bien apaciguarlo sin darle de comer.

¿Cómo acostar al bebé?

Para meter a su bebé a su cama, coloque una mano bajo la cabeza y la parte alta de la espalda, y la otra debajo de su trasero, ya que tiene necesidad de sentirse soportado por su brazo, para sentirse seguro. Colóquelo suavemente sobre la espalda, y después retire sus manos. Las primeras veces, su bebé se duerme a menudo justo después de tomar pecho, pegado a usted.

En su cuna o cama, proscribirá usted colchón de plumas, cobertor y almohada y vigilará que no tenga la cabeza siempre del mismo lado, para prevenir que se le aplane el cráneo. Atención: la

Los estados de vigilancia del recién nacido

Del sueño a la vigilia, el recién nacido puede encontrarse en uno de los seis "estados de vigilancia" siguientes:

● **Sueño calmado y profundo.** Duerme con los puños cerrados, sin la menor agitación aparente, pero sus músculos están tonificados. Durante esta fase segrega la hormona del crecimiento.

● **Sueño activo paradójico.** Su rostro es expresivo, sus párpados están entreabiertos, sus pies o sus manos se mueven, su respiración es irregular. Usted tiene la impresión de que va a despertarse en cualquier momento.

● **Adormecimiento.** Él se encuentra en un estado provisional de semisomnolencia. Si usted lo toma entre sus brazos o si le habla, corre el riesgo de despertarlo.

● **Despierto y calmado.** Se le observa tranquilo, atento a su entorno, se mueve poco pero es capaz de "contestarle", imitando una sonrisa o una mímica.

● **Despierto y activo.** Mueve los brazos y las piernas, y parece poder alterarse fácilmente.

● **Despierto y agitado.** Se altera, llora y pesar de todos sus esfuerzos, usted no logra calmarlo. Durante estas primeras semanas, estos estados agitados son más frecuentes y más largos que los estados de despierto o sueño tranquilo.

temperatura de su recámara debe ser de alrededor de 18-20 °C.

Día y noche, ¿logra distinguirlos?

Antes de la edad de 1 mes, los bebés no tienen noción del día y de la noche. Hasta después aprenden progresivamente a distinguirlos; duermen más durante la noche, y menos en el día. Para ayudarles a realizar bien este aprendizaje, se recomienda no hacerlos dormir en la oscuridad durante el día; de noche, cerrar siempre las cortinas y persianas y apagar la luz. Este cambio ayuda a los bebés a distinguir entre el día y la noche.

Las preguntas que se hace usted

"Mi bebé regurgita a menudo después del biberón, ¿esto es normal?"

Este pequeño problema es común y, en general, se presenta cuando el bebé lanza su eructo después de haber bebido. Si la regurgitación sigue justo después de un biberón, es inútil inquietarse. Si el bebé regurgita poco y no llora, en ocasiones es señal de que bebió demasiado y muy aprisa. Intente reducir la velocidad del flujo de la leche, o hágale una pausa a medio biberón. Si su bebé regurgita siempre en grandes cantidades y mucho, si llora, si se retuerce o si lo hace mucho tiempo después de comer, consulte a su médico, porque podría tratarse de un reflujo gastroesofágico debido a un mal funcionamiento del orificio que une al esófago con el estómago, y que desaparecerá alrededor de 1 año. Si su hijo bebe con dificultad y regurgita fácilmente, esto puede deberse al algodoncillo (micosis), que se manifiesta en la boca bajo forma de placas blancas. Si es así, consulte a su médico.

"¿Debo esterilizar los biberones de mi recién nacido?"

Hay opiniones divergentes sobre la necesidad de esterilizar o no los biberones para un recién nacido. Si esto la tranquiliza, hágalo hasta el quinto mes del bebé. En todos los casos, esto no significa que queda dispensada de tener que lavar el biberón. Para esto, vacíelo completamente y enjuáguelo, y después lávelo con agua caliente y líquido lavatrastes utilizando un cepillo reservado para este uso, con el fin de retirar todo rastro de leche. Enjuáguelo después minuciosamente y déjelo secar. El chupón, una vez retirado de la rosca de cierre, debe ser lavado de la misma manera, cada vez. Conviene igualmente respetar ciertas reglas de higiene:

● Lávese sistemáticamente las manos antes de manipular el biberón y sus accesorios, ¡incluso para lavarlos!

● Antes de colocar los diferentes componentes, piense también en lavar el lugar donde trabaja.

● Para secar, utilice una toalla desechable en vez de la toalla de la cocina.

● Asegúrese de que el biberón esté bien seco antes de prepararlo.

"¿Qué producto es el más indicado para el baño de mi hija?"

Aconsejamos altamente utilizar mejor agua y jabón (o gel hipoalergénico) que toallitas, para lavar el trasero y el sexo de las niñas. De hecho, las toallitas contienen cremas a base de leche, lo que implica el riesgo de provocar una irritación de la piel si se les utiliza con mucha frecuencia. Dicho esto, las toallitas son muy prácticas y usted puede usarlas de vez en cuando, por ejemplo, cuando sale.

Proteger sus nalgas con una pomada no es indispensable, salvo que estén rojas. Sobre todo no le ponga talco, porque, mezclado con la orina, puede provocar notorias irritaciones a la altura de los pliegues del ano.

"¿Hay que descubrir el sexo de los niños al momento de bañarlos?"

Esta práctica, que consiste en jalar hacia atrás el prepucio, es decir la piel que cubre el glande, era común en otros tiempos. Hoy en día, todos los especialistas concuerdan en no recomendar retraer el prepucio. Éste se hará progresivamente conforme crezca el sexo y el niño tenga erecciones. Por lo tanto, ni los padres ni las madres deben descubrir el glande. Pero verifique que los pañales estén bien húmedos, a fin de estar seguros de que su bebé orina.

"¿Cómo puedo saber si mi bebé tiene frío o calor?"

Palpar las manos del bebé para saber si tiene calor o frío no es la mejor de las maniobras posibles, de hecho es normal que manos y pies estén un poco más frescos que el resto del cuerpo. De preferencia toque los antebrazos o, aún mejor, la nuca, para tener una idea más justa de la temperatura del cuerpo, sin tener que recurrir al termómetro. Y no olvide que si un niño de pecho es muy sensible a las variaciones térmicas y al frío, ¡lo es también al calor! En casa, es inútil cubrirlo de más y, en cuanto haga calor, déjelo en mameluco o incluso en pañal. En cambio, en cuanto salga usted, proteja siempre su cuerpo con prendas ligeras y su cabeza con un gorro de algodón, aun si el niño está debajo de un miniparasol o que lo pasee usted a la sombra.

"He oído hablar del 'codormir', ¿qué piensa usted de esto?"

El "codormir" consiste en dejar dormir al bebé en la cama con los padres. Esta práctica es común en Estados Unidos. Le evita a la mamá tener que levantarse de noche para dar pecho y permite mantener al bebé en un entorno de seguridad. Pero el "codormir" no está exento de riesgos para el bebé, pues aumenta el riesgo de la muerte súbita por aplastamiento o sofocación. Es más aconsejable dormir a los recién nacidos en la recámara de los padres durante los primeros meses de su vida, mientras se acostumbran a la noche, pero en su propia cuna o cama.

"Mi hijo tiene los ojos pegados. ¿Esto es grave?"

Muchos recién nacidos tienen los ojos pegados cuando despiertan porque sus canales lacrimales son tan pequeños que se tapan fácilmente. Limpie bien los ojos y retire delicadamente las secreciones que se pegan a las pestañas y a los párpados, con un algodón empapado de suero fisiológico o agua tibia, partiendo del interior del ojo y yendo hacia el exterior.
Utilice un algodón diferente para cada ojo. En caso de infección, señalada por secreciones amarillas y purulentas, el médico indicará un tratamiento antibiótico bajo forma de gotas o de pomada.

Los llantos del recién nacido

En las primeras semanas, un bebé llora a menudo y mucho. No se alarme, se trata de su única forma de comunicación para obtener una respuesta a sus necesidades. Para calmarlo, tómelo en sus brazos cuantas veces sea necesario. Mientras más seguro se sienta, mejor podrá separarse de usted después.

Su única manera de comunicarse

Hasta que cumpla 2 meses más o menos, le resultará difícil entender bien la razón de los llantos de su bebé. Sin embargo, no llora sin motivo y no actúa por capricho. Para él, los gritos y los llantos son un lenguaje mediante el cual expresa una necesidad o un malestar físico. Si usted no percibe claramente la razón de una crisis de lágrimas, acepte que no la comprende, pero respóndale y actúe: lo primero que está expresando el bebé es que la necesita a usted. Salvo cuando se trata de llantos de adormecimiento, un niño de pecho no se calmará solo. En todos los casos, acuda a él, háblele, tómelo entre sus brazos y no dude en alimentarlo si lo pide, ya sea que realmente tenga hambre o no. Muy a menudo, esto es suficiente para confortarlo y calmarlo. Un recién nacido está perdido y usted es su única referencia.

Poco a poco, usted aprenderá a reconocer sus llantos, escuchándolo y observándolo cotidianamente. Muy a menudo las quejas tienen los mismos orígenes: el hambre, las dificultades para lanzar un eructo o una evacuación, el frío, el calor, un pañal sucio, un ruido desconocido, una fosa nasal obstruida, la fatiga… En dos meses, van a aprender a conocerse mejor mutuamente, usted estará más segura de sí misma al comprenderlo mejor, y él modulará sus reacciones en función de las suyas.

¡Los poderes de papá!

A menudo, los padres tranquilizan mejor que las madres los llantos del recién nacido. Cuando el bebé lleva algún tiempo llorando, y la mamá ya no sabe qué hacer, el papá intenta a su vez y logra dormirlo. Esta capacidad se relaciona con el distanciamiento relativo del padre con su niño, con el hecho de que acepta más fácilmente el no comprender sus llantos. De hecho, a un bebé de pecho le cuesta mucho tranquilizarse cuando siente que el adulto está a la espera o angustiado.

Los llantos del final del día

Entre las semanas segunda y décima, y a menudo con un pico hacia la sexta semana, la mayoría del tiempo entre las 17 y 23 horas, es frecuente que los bebés tengan una "crisis de llantos" y se retuerzan, dando señales de un intenso malestar. Durante mucho tiempo se pensó que estos llantos vespertinos correspondían a la angustia de la caída de la noche. Hoy en día, muchos pediatras piensan que estos llantos corresponden más bien a una especie de descarga emocional de fin de día. Por lo tanto, el momento puede ser una prueba para usted, pues los llantos pueden prolongarse durante cerca de dos horas. Para intentar calmar a su bebé, hay varias soluciones: darle pecho, mimos, baños si le gusta el agua, un móvil musical… Si nada funciona, no le haga demasiado caso a su hijo y déjelo actuar, pero permaneciendo siempre cerca de él. Acepte la idea de que estos llantos son normales, que su hijo se desahoga de su jornada, ¡y que la situación es más angustiante para usted que para él! Y tenga presente que esas "crisis nocturnas" desaparecerán entre los dos y los tres meses.

Ni somníferos ni jarabe

No existen medicamentos para hacer dormir a un bebé. Los somníferos implicarían el riesgo de comprometer el desarrollo de su cerebro en plena maduración. En cuanto a los jarabes con antihistamínicos (contra las manifestaciones alérgicas) o los neurolépticos y los tranquilizantes, tampoco son convenientes para un bebé.

Los llantos de adormecimiento y los despertares nocturnos

Si, desde que abandona sus brazos, o desde que queda colocado en su cama para dormir, su bebé comienza a llorar, no reaccione inmediatamente y dele un poco de tiempo para conciliar el sueño; ciertos niños lloran un poco para dormirse. Si los llantos se intensifican, tampoco lo tome inmediatamente en sus brazos, pero póngale una mano, sobre su vientre o su pecho, y háblele suavemente o canturréele una canción de cuna. Todos estos consejos valen para los despertares nocturnos, porque no hay que dejar llorar a un bebé bajo el pretexto de que va a entender. Después de haberse asegurado de que el bebé no tiene demasiado calor, de que está limpio y de que nada le molesta, háblele con suavidad, hágale sentir que usted está presente, que se ocupa usted de él, que puede sentirse seguro; dele oportunidad de volver a dormirse solo, antes de tomarlo en sus brazos, de mecerlo, etc. Así, usted contribuirá a que sea autónomo más rápidamente.

La anticoncepción después del parto

Los ovarios pueden volver a producir óvulos a partir del 25° día después del parto, por lo tanto es posible un nuevo embarazo antes del regreso de la menstruación (o de las reglas). Por ello conviene considerar una anticoncepción antes de su salida de la maternidad, aunque esté usted amamantando.

Volver a la anticoncepción antes del regreso a la menstruación

Al finalizar su estancia en el hospital, usted pasa un examen médico para verificar que todo marcha bien y que puede volver a casa. En esta cita, el ginecoobstetra le plantea a usted el asunto de la anticoncepción hasta el retorno a las reglas, ya sea que amamante o no. Poco después del parto, el preservativo masculino es uno de los métodos recomendados. También pueden utilizarse espermicidas locales (óvulos) cuyo efecto lubricante facilita las relaciones. Deben colocarse al fondo de la vagina 10 minutos antes de las relaciones.

De seis a ocho semanas después, durante la consulta posnatal, usted abordará nuevamente este asunto con su médico. Usted podrá recurrir a la anticoncepción recomendada al salir del hospital, recurrir a su medio anticonceptivo anterior o considerar uno nuevo.

Su médico le propondrá el método que se adapte a su situación.

Los métodos que no se aconsejan para después del parto

No se recomiendan los diafragmas y otros preservativos femeninos porque la vagina y el cuello del útero sobre los que se aplican aún no han retomado su forma inicial. La vigilancia de la curva de temperatura (método Ogino), imposible de realizar antes de la primera ovulación, tampoco es recomendable por ser poco eficaz.

¿Se preocupa de la anticoncepción antes del retorno de la menstruación?

Después del parto, la primera ovulación es tan impredecible como el reinicio de la menstruación. En algunas mujeres, el reinicio de las reglas no va acompañado de ovulación alguna. En otras, la ovulación precede a la menstruación y una madre podría encadenar así embarazo sobre embarazo sin ya nunca tener menstruación. Como usted no puede saber qué ocurrirá primero, si sus reglas o la ovulación, más vale tomar precauciones.

A menudo, el reinicio de las reglas es más tardado en las mujeres que dan pecho. En promedio, ocurre después de 16 a 18 semanas, contra seis a 12 semanas en las madres de bebés alimentados con biberón. Sin embargo, muchas veces, los promedios son engañosos. Así, ciertas mujeres que dan pecho han visto el reinicio de sus reglas a las seis semanas, mientras que otras han esperado 18 meses. Por lo tanto, no hay ninguna manera de predecir cuándo se reanudarán sus reglas.

Lactancia y reinicio de la menstruación

La hormona responsable de la bajada de leche se llama "prolactina". La succión del pezón y el dar pecho estimulan su producción. Cuando el nivel de prolactina es elevado, se bloquea la ovulación. Al final de la lactancia, los ovarios reinician sus funciones porque las hormonas implicadas en el ciclo menstrual (estrógenos y progesterona) ya no están bloqueadas por la prolactina. Las reglas o menstruaciones pueden reaparecer alrededor de seis semanas después del final de la lactancia.

Sin embargo, si la duración de la lactancia rebasa los tres meses, el reinicio de las reglas puede ocurrir durante este periodo, sobre todo si la lactancia es mixta y si los ovarios reinician sus funciones. Ésta es la razón por la cual no debe considerarse la lactancia como un periodo de infecundidad.

¿Qué anticonceptivo usar después de un embarazo?

Si usted da pecho, además de los preservativos y los espermicidas, las micropíldoras a base de microdosis de progesterona no implican riesgos para el bebé, pero pueden disminuir la secreción láctea. El tratamiento se inicia 10 días después del parto. En cambio, la píldora clásica compuesta por estrógenos y progesterona queda contraindicada en caso de dar pecho. Si usted alimenta a su bebé con biberón, y si no hay contraindicación, esta píldora clásica estro-progestativa puede ser tomada hacia tres semanas después del parto. Por último, el dispositivo intrauterino es más bien para mujeres que ya han tenido la cantidad de hijos que desean, y un compañero estable. Queda contraindicado en casos de reglas abundantes, pero autorizado después de una cesárea. No puede colocarse hasta dos meses después del parto.

La reeducación del periné

El periné es la zona del cuerpo que queda más maltratada durante el parto. Los músculos perineales fueron más o menos "estirados" y de ello pueden resultar elongaciones o desgarramientos parciales o totales. Esto puede tener efectos sobre la vagina (que ya no cierra tan bien), sobre la vejiga y en particular sobre los músculos que controlan el cierre del orificio urinario. Por lo tanto, no hay que descuidar las sesiones de reeducación del periné.

Los diferentes métodos de reeducación

Son raras las mujeres que no necesitan de reeducación perineal. En primer lugar, estas sesiones permiten reeducar la parte del cuerpo más maltratada por el parto, pero también fortificarla, lo que limita el riesgo de incontinencia urinaria. Aunque pocas mujeres se atrevan a confesarlo, también pueden incrementar el placer durante las relaciones sexuales. La reeducación perineal es competencia exclusiva de las parteras o de los médicos, durante los tres meses que siguen al parto. Después, puede darle seguimiento un fisioterapeuta. Existen diferentes métodos. Los médicos proponen, en general, una reeducación que combina diversos enfoques, y que asocie diversos métodos para tener una mayor eficacia.

La electroestimulación

Aquí, el aparato da la orden a los músculos de contraerse y de relajarse, por intermediación de una sonda que se introduce en la vagina. Esta sonda transmite corrientes eléctricas de intensidad variable pero totalmente indoloras. Contraen los músculos del piso pélvico. Esta técnica puede ser útil al inicio de una reeducación, ya que permite tomar mejor conciencia de la musculatura perineal y de aprender después a contraer voluntariamente el periné.

¿Dificultades urinarias?

Si usted tuvo un parto largo y difícil, puede tener pequeñas fugas urinarias incontroladas al reírse, al toser o al estornudar, por ejemplo. En el hospital, el ginecoobstetra le aconsejará ejercicios adaptados para prevenir este tipo de problema; así, prepara usted las sesiones de reeducación del periné. En todos los casos, no deje pasar una incontinencia, aun mínima, y sin tardanza hable de ello con su médico.

El biofeedback

En este caso, usted adquiere conciencia de su periné mediante un aparato conectado a una sonda. Mientras usted contrae y relaja los músculos de su periné, siguiendo las indicaciones del especialista, una pantalla colocada cerca de usted le permite, mediante un trazo por computadora o mediante una rampa luminosa, apreciar la intensidad de esta actividad muscular, y aprender a controlarla. Esto es un excelente medio para visualizar la alternancia de contracción y relajación de los músculos del periné.

Los llamados métodos "educativos"

Consisten en aprender ejercicios que permiten que usted misma dé vigor muscular a vulva y vagina. Tienen la ventaja de evitar recurrir a instrumentos invasivos y permiten un trabajo autónomo duradero. Uno de estos métodos, el CDP (conocimiento y dominio del periné), perfeccionado por una partera, Dominique Trinh Dinh, permite tener una percepción muy afinada de su periné. Enseñados generalmente por una partera, estos ejercicios personales precisos ayudan a tomar conciencia de las diferentes partes del periné (vulva, vagina…) que, trabajadas por separado, son percibidas cada vez mejor. Los diferentes músculos de las 12 zonas perineales definidas en CDP son retonificados. Por otra parte, la percepción concentrada en cada una de estas zonas puede aportar cambios positivos en la vida íntima y permitir prevenir un descenso de órganos.

Los primeros ejercicios que debe hacer en casa

Usted puede comenzar a practicarlos inmediatamente después del parto. Permiten dar soltura a las cicatrices de una episiotomía, hacerla retomar conciencia de su periné e iniciar la reeducación. Acostada de espaldas, con las piernas replegadas y separadas y los pies colocados, planos, haga como si intentara contener fuertes ganas de orinar. Para verificar que son realmente los músculos pélvicos los que trabajan, intente detener el chorro urinario. Relaje debidamente la región abdominal durante los ejercicios: usted debe contraer el periné sin contraer al mismo tiempo el vientre, las nalgas o los muslos.

Piense en practicar este ejercicio por lo menos tres veces al día, a razón de 20 contracciones cada vez. Comience con contracciones rápidas y repetidas y después intente mantener el ano y la vagina muy cerrados durante al menos 5 segundos, alternando fases largas de relajación entre dos contracciones para evitar la fatiga muscular. En cuanto usted domine bien estos ejercicios, hágase el hábito de realizarlos de pie, sentada, caminando o mientras lleva a cabo los esfuerzos habituales de la vida cotidiana.

Direcciones útiles

Organizaciones

Asociación Nacional de Instructoras de Psicoprofilaxis Perinatal A.C.
http://www.anipp.org.mx/
Av. Colonia del Valle 721, Depto. 1
Col. Del Valle
México, D.F., C.P. 03100
Tel. 55 54 43 88
55 23 18 60

●

Red de Parteras de Latinoamérica
http://www.relacahupan.com/menu.htm

●

Lamaze international (en inglés)
http://www.lamaze.org

●

Liga de la Leche México Promotores de la lactancia
http://www.llli.org/Mexico.html

●

Fundación Mexicana para la Planeación Familiar, A.C. Mexfam
http://www.mexfam.org.mx/
Juárez 208
Col. Tlalpan Centro
México, D.F., C.P. 14000
Tel. 54 87 00 30

Instituciones médicas

Instituto Nacional de Perinatología Isidro Espinosa de los Reyes
http://www.inper.edu.mx/
Montes Urales 800
Col. Virreyes
México, D.F., C.P. 11000
Tel. 55 20 99 00

●

Hospital Militar, Ginecología de alta especialidad
http://www.sedena.gob.mx/index.php/sanidad-
    militar/clinica-de-especialidades-de-la-
    mujer/2162-ginecologia-de-alta-especialidad
Blvd. Manuel Ávila Camacho S/N
esquina Av. Industria Militar
Col. Lomas de Sotelo,
México, D.F., C.P. 11640
Tel. 21 22 88 00 ext 3585

●

Instituto Nacional de Pediatría
http://www.salud.gob.mx/unidades/pediatria/
Insurgentes Sur 3700, Letra C
Col. Insurgentes Cuicuilco
México, D.F., C.P. 04530
Tel. 10 84 09 00

Direcciones útiles

Normativa

Norma Oficial Mexicana para la atención
de la mujer durante el embarazo,
parto y puerperio y del recién nacido.
Criterios y procedimientos para la prestación
del servicio.
http://www.salud.gob.mx/unidades/cdi/
   nom/007ssa23.html

●

Organización Mundial de la Salud
Información sobre el embarazo
http://www.who.int/topics/pregnancy/es/

Índice

Los números en negritas remiten a los recuadros

Créditos fotográficos

p. 4 y p. 5 - f. © Kevin Radford/Masterfile
p. 7 f. © Masterfile
p. 9 f. © laurent/Myriam/BSIP
p. 11 f. © Eddie Lawrence/MBPL/BSIP/T
p. 12 f. © Larry Williams/Corbis
p. 15 f. © Villareal/BSIP/T
p. 17 f. © Larry Williams/Corbis
p. 20 f. © CSMP/BSIP/T
p. 21 f. © Lennart Nilsson/Albert BonnierFörlag/DR/T
p. 25 f. © Masterfile
p. 27 f. © Ariel Skelley/Corbis
p. 29 f. © Masterfile
p. 33 f. © Norbert Schaefer/Corbis
p. 35 y p. 36 y 37 - 12 fotos - © Baptiste Lignel/T
p. 39 f. © Peggy Herbeau
p. 40 f. © H. Schmid/Corbis
p. 45 f. © Peggy Herbeau/T
p. 47 f. © Sarah Murria/Masterfile
p. 49 f. © J.L. Pelaez/Getty Images
p. 52 y p. 53 - f. © RUNE Hellestad/Corbis
p. 54 f. © Masterfile
p. 58 f. © CIOT/BSIP
p. 59 f. © Villareal/BSIP
p. 59 f. © Astier/BSIP
p. 61 f. s i f. © Ramare/BSIP/T
61 abajo d f. © Masterfile

p. 63 f. © Astier/BSIP
p. 64 f. © J.L. Pelaez/Getty Images
p. 69 f. © Jules Terrier/Corbis
p. 73 f. © Astier/BSIP
p. 74 f. © Ian Hooton/MBPL/BSIP
p. 77 2 fotos © Jacopin/BSIP
p. 79 f. © Ciot/BSIP/T
p. 80 f. © Astiev/BSIP/T
p. 82 f. © Masterfile
p. 85 s f. © Rune Hellestad/Corbis
p. 85 abajo f. © Rune Hellestad/Corbis
p. 88 y p. 89 - 2 fotos © H.Gyssels/Archivos Larousse/T
p. 91 f. © Jerzyworks/Masterfile
p. 92 f. @ GETTY IMAGES Francia
p. 93 f. © Paul Hardy/Corbis
p. 96 y p. 97 - f. © Anna Kern/Etsa/Corbis
p. 98 f. © Chassenet/BSIP/T
p. 101 f. © Lemoine/BSIP/T
p. 103 f. © Norbert Schäfer/Masterfile
p. 104 f. © Larry Williams/Corbis
p. 105 f. © Masterfile
p. 108 f. © Astier/BSIP
p. 111 f. © Godong/Desarmaux/BSIP
p. 113 f. © Derek Shapton/Masterfile
p. 114 f. © Tom Stewart/Corbis